Fortschrittliche

Domestic Discipline

Dominanz und Submission in der Ehe zum beiderseitigen Lustgewinn

Ein Handbuch für Ehepaare

Dr. Vanessa Smith

Doctor of Philosophy in Psychology, PhD
Institute for Psychology of Relationships, NewYork

Übersetzung aus dem Englischen:
Progression of Domestic Discipline
Hendrik Blomberg

In der Domestic Discipline geht es nicht um Missbrauch oder Gewalt, sondern um Liebe und Respekt. Liebe ist natürlich die Grundvoraussetzung für eine glückliche, harmonische und dauerhafte Ehe. Und die Liebe muss aufrechterhalten werden, sonst wird es nicht dauern. Sie muss genährt, gepflegt und geschützt werden.

Eine geliebte Frau braucht das Bewusstsein, dass der Ehemann die Zügel fest im Griff hat und die Kontrolle hat. Er kann die Zügel festziehen oder lockern, wie es zu der Zeit angemessen ist, aber sie darf niemals daran zweifeln, dass er sie festhält, egal, was passiert. Domestic Discipline ist einvernehmlich oder keine DD-Beziehung. So einfach ist das.

Impressum:

Schweitzerhaus Verlag
Schrift * Wort * Ton
Karin Schweitzer

Frangenberg 21 * 51789 Lindlar
Telefon 02266 47 98 21
eMail: mail@schweitzerhaus.de

Satzlayout und Umschlaggestaltung:
Karin Schweitzer, Lindlar

Besuchen Sie uns im Internet:
www.schweitzerhaus.de

2. erweiterte Auflage 2019/2020
ISBN 978-3-86332-063-8

Inhalt

Vorwort

Ich möchte mich kurz vorstellen. Mein Name ist Vanessa Smith, promovierte Psychologin, Doctor of Philosophy in Psychology, PhD und arbeite seit Jahren mit Kollegen als Dozentin an einem *‚Institute for Psychology of Relationships'*, speziell für Paare, die sich einvernehmlich der Domestic Discipline angeschlossen haben und sie praktizieren. Die Co-Autorin zu diesem Buch ist Referend Carol Whitaker, Pastorin der East Coast Methodist Church, einer freien reformierten Kirche, die die Domestic Discipline zur Festigung des Glaubens und der Harmonie in der Ehe befürwortet. Domestic Disziplin ist eine Lehre, die von zigtausenden amerikanischen Ehepaaren zur Festigung der Partnerschaft praktiziert wird. Eines der grundlegenden Merkmale einer Domestic Discipline Ehe ist, dass der Ehemann für die Festlegung von Regeln und Richtlinien in der Ehe zuständig ist - und Korrekturen vornimmt, wenn diese Regeln gebrochen werden.

Um es vorweg zu verdeutlichen. Dieses Buch ist nicht für Paare geschrieben, die in einer eher losen D/S, Dominanz/Submission Partnerschaft leben, sondern wendet sich ausschließlich an Ehepaare, die mit dem

Ja-Wort bei ihrer Trauung oder bei einer Collarring Ceremony ihr grundsätzliches Einvernehmen zu einer Domestic Discipline Ehe abgegeben haben, in der die Ehefrau die Autorität des Mannes auch zu disziplinarischen Strafen akzeptiert.

Dieses Buch gibt Hilfestellung zu verschiedenen Fragen, die im Alltag oder beim intimen Zusammensein in der Ehe aufkommen. DD erzeugt eine strukturierte, geordnete und gefestigte Umgebung zu Hause und in der Beziehung. Es verbessert und stabilisiert die Beziehung, es definiert Rollen in jedem Partner, und es beendet jeglichen *Machtkampf,* der in einer Beziehung entstehen kann.

Der Lebensstil von DD eignet sich für eine offene Interpretation und wird individuell gestaltet, indem jede Person oder jedes Paar, das mit dem Lernen beginnt oder fortfährt, über diese sich immer weiter entwickelnde und wachsende Wahl des Lebensstils lernt. Das ist eine der Schönheiten des DD-Lebensstils. Die Menschen verändern sich und entwickeln sich im Laufe der Zeit. Mit fortwährendem Wissen und kontinuierlicher Kommunikation entwickelt sich auch ihr DD-Lebensstil in eine liebende Domestic Discipline.

Kultureller Hintergrund der Domestic Discipline

Was unterscheidet eine DD Ehe von einer typischen BDSM Beziehung? In der BDSM Beziehung kann die Sub ihren Dom zu jeder Zeit mit einem sogenannten Safe Word stoppen. In einer DD Beziehung gibt die Ehefrau im Rahmen einer Hochzeit und einer Collarring Ceremony eine endgültige Zustimmung, die generelle Akzeptanz, und kann sie nicht nachträglich widerrufen. Diese besondere Art von Verpflichtung ermöglicht es submissiv veranlagten Frauen die Autorität ihres Mannes im täglichen Leben und in der Partnerschaft anzuerkennen. Das beinhaltet auch das Recht des Mannes, falsches Verhalten der Ehefrau zu korrigieren. Dadurch ermöglicht eine DD Ehe der Ehefrau wahre Unterwerfung zu erleben: sich ihrem Mann ganz hinzugeben und sich ohne Vorbehalte führen und formen zu lassen.

Diese Domestic Discipline wird von Ehepaaren praktiziert, die sich entschieden haben, dass die submissive Ehefrau die Dominanz ihres Mannes uneingeschränkt anerkennt. Das allgemeine DD gibt dem Mann die absolute Autorität über seine Ehefrau und gibt ihm das Recht, sie zu disziplinieren.

In unserem Institut haben wir den Begriff der sogenannten progressiven Domestic Discipline, einer speziellen und fortschrittlichen Auslegung der Domestic Discipline geprägt, die die allgemeine Domestic Discipline erweitert. Wir bezeichnen sie daher zukünftig kurz als Fortschrittliche Domestic Discipline, PDD, die in diesem Buch ausschließlich beschrieben wird und weisen darauf hin, dass diese Lehre in ihrem Kernpunkt Hilfestellung zur sexuellen Harmonie geben soll. Die hier beschriebene fortschrittliche Disziplinierung erlaubt es der Ehefrau, von ihrem Mann Schritt für Schritt mit Disziplinierung zu Grenzen der Lust hingeführt zu werden, um diese mit seiner begleitenden Hilfe zu überschreiten und um neue Formen der Erfüllung zu finden. Dabei ist der erotische Aspekt der eigentliche und wichtigste Zweck der fortschrittlichen Domestic Discipline, der einen vollkommenen sexuellen Gleichklang in der Ehe schafft.

PDD, Progressiv Domestic Discipline in Ehen und Partnerschaften unterscheidet sich substantiell vom CDD, der Christian Domestic Discipline.

Während CDD eine sexuelle Komponente ablehnt, öffnet PDD den Paaren eine offene Einbeziehung der sexuellen Macht durch

Dominanz und Unterwerfung in ihrer Partnerschaft. Die Ausrichtung dieses Buch zu einer erweiterten Auslegung des DD hin zu einem progressiven DD soll gerade die befreiende Macht der gemeinsamen Sexualität der Partner aufzeigen.

Die Ehefrau soll emotionell und körperlich spüren, was Macht ist, damit sie sich befreien kann, um leichter ihre Unterwerfung ausleben zu können. Diese Befreiung gibt ihr die höchstmögliche sexuelle Erfüllung. Allgemein wird dazu die Bezeichnung Sub-Training benutzt. Subtraining in der Domestic Discipline, wie sie hier in diesem Buch beschrieben wird, ist die Erziehung der Frau zu einer gehorsamen lustvollen Sub, mithilfe von *Corporal Discipline,* mit körperlicher Züchtigung, die es ihr erlaubt, ihr Verlangen und ihre Lust durch Einhaltung gewisser Regeln vollkommen neu zu erleben.

Für alle die Leser und Leserinnen, die nicht den vollen Umfang des Kontextes verstehen, empfehlen wir, einmal bei Amazon *Domestic Discipline* einzugeben. Sie werden Hunderte von E-Books bemerken, die von Frauen geschrieben wurden, mit Geschichten von Frauen, die sich mit Romantik und gut aussehenden, muskulösen Männern der Domestic Discipline in einer Partnerschaft unterwerfen. Ebenso, wenn Sie *Domestic Discipline*

Blog in Google eingeben. Sie werden feststellen, dass über 90% der Ergebnisse Blogs sind, die von Frauen geschrieben werden. Sie werden herausfinden, dass es in der Domestic Discipline-Community Frauen sind, die von ihrem Ehemann im traditionellen Rollenspiel geführt und auch körperlich seine männliche Dominanz spüren und diszipliniert werden wollen. Dies ist auch die Grundlage bei meinen Beratungen. Ich kenne zahlreiche Frauen, die die erotische Dimension der körperlichen Dominanz erregend und als luststeigernd empfinden und die den ehrlichen Wunsch und die Sehnsucht haben, sich einem Mann verlangend auszuliefern, der mit dieser Sehnsucht verantwortungsvoll umgehen kann. Ein Schmerz kann die Erregung fördern und dieses Buch soll aufzeigen, dass man den Weg zu einer beiderseitigen erfüllenden sexuellen Befriedigung Schritt für Schritt durch entsprechende körperliche Disziplinierung erlernen kann. Mit diesen Ratschlägen geführt, genießen viele Subs den Rausch erotischer Spiele, auch wenn sie ein Spanking erhalten - eine prickelnde Atmosphäre, die die Schmerztoleranz erhöht und zu orgiastischen Höhepunkten führen kann.

Sexuelle Befriedigung und das Ausleben von sexuellen Wünschen sind die Haupttriebfedern in einer dynamischen und harmonischen Partnerschaft. Eine Umfrage und Studie von Sozial- und Sexualwissenschaftler der Arizona State University in Zusammenarbeit mit unserem Institut, beschäftigte sich mit der Frage nach der Häufigkeit des Geschlechtsverkehrs, bei der über 40.000 Personen befragt wurden. Das Ergebnis ist, dass Paare aller Altersgruppen - egal, ob mit oder ohne Trauschein - öfter sexuell aktiv sind als Singles. So sind 50-Jährige, die in einer festen Partnerschaft leben, sexuell wesentlich aktiver als 25-jährige Singles. Nicht nur die Frequenz sexueller Aktivität von Singles ist niedriger als von Paaren, auch ihre Bewertung des eigenen Sexuallebens fällt schlechter aus. Am häufigsten und auch am besten ist der Sex nach dieser Studie in einer festen Beziehung und insbesondere in ehelichen Partnerschaften. Dieses Ergebnis deckte sich mit unseren Erhebungen bei Paaren, die in einer D/S oder Domestic Discipline Partnerschaft leben. Im Gegensatz zu Paaren, bei denen die sexuelle Aktivität in der Beziehung nach zwei bis fünf Jahren abnimmt, ergab sich, dass Ehepaare, die Domestic Discipline praktizieren, weitaus häufiger Geschlechtsverkehr haben und dies auch nach langen Jahren der Beziehung kaum vermindern. Während nur für 16 Prozent der gesamten befragten Personen der Sex eine überragende

Bedeutung und für sechs Prozent überhaupt nicht wichtig erscheint, wird bei Ehepaaren in der Domestic Discipline die überragende Bedeutung sexueller Aktivität von über 40 Prozent angegeben. Wobei die höchste sexuelle Aktivität in dieser Gruppe bei den 40 bis 60-Jährigen festgestellt wurde.

In einer Partnerschaft übernimmt Sex viele Funktionen - er dient der Fortpflanzung, aber auch dem Lustgewinn, vermittelt Vitalität und Lebensfreude. Die Umfragen zeigen, dass Männer und Frauen ihn zudem schätzen, um die eigene Weiblichkeit beziehungsweise Männlichkeit zu bestätigen. Sexuelle Aktivität ist verbunden mit dem Gefühl, begehrt zu werden und sinnlich zu sein. Die stärkste Basis für eine gute Partnerschaft ist eine Grundlage aus Emotionen, insbesondere das Gefühl der Geborgenheit, sich zu lieben und geliebt zu werden. Dazu trägt die körperliche Liebe am meisten bei, weil sie eine Intimgemeinschaft aufbaut, die persönliche Sicherheit schenkt, Geborgenheit und Halt gibt. Wie wichtig Sex in einer Beziehung ist, kann man alleine daran erkennen, dass fehlender Sex als häufigster Trennungsgrund einer Beziehung angegeben wird.

Die Domestic Discipline bietet ein wunderbares Experimentierfeld, bei dem sich die Partner ausprobieren können. Dabei wächst für die Sub auch die Sensibilität für DD im Alltag - um entsprechend ihres inneren Verlangens nach Unterwerfung, dienen zu können.

Das Glück und die Befriedigung der Sub darf nicht aus dem Blick geraten und muss vom Dom nicht nur akzeptiert, sondern gefördert werden.

Domestic Discipline funktioniert erst, wenn beide gegensätzliche Interessen zugeben und sich klar darüber aussprechen können. Ohne dass ein schlechtes Gewissen oder Angst bei der Sub entsteht, dass sie vom Dom dafür schmerzhaft bestraft wird.

Subs in der Domestic Discipline wollen nämlich allermeist an ihre Grenzen geführt werden; wollen den Kopf mal ausschalten, entspannen, das Heft des Handelns abgeben können; zur Selbstüberwindungen motiviert werden, um neue, erotische Erfahrungen zu machen; und manche Sub will von ihrem Sugar-Daddy gefördert und versorgt werden.

Historisches zur Domestic Discipline

Frühe Geschichte

Aufgabe der Erziehung ist es ganz allgemein, gesellschaftliche Werte, Traditionen und Einstellungen weiterzugeben. Junge Menschen sollen körperlich, seelisch, geistig und charakterlich geformt werden. Das sahen schon die griechischen Philosophen der Antike so. Durch Erziehung wird der Mensch erst wahrhaft Mensch. Dies sagte Platon 400 Jahre vor Christus. Im griechischen kommt man der eigentlichen Bedeutung näher: Erziehung, paideuo bedeutet Schulung durch disziplinierende Zurechtweisung. Einen jungen Menschen erziehen - das hieß, ihn zu unterrichten und zu disziplinieren. Pädagogik im griechischen Kontext heißt also Schulung durch Züchtigung. Timotheus sagte, «...damit die jungen Frauen durch Züchtigung gelehrt werden, sich nicht zu verweigern.»

Und wie heißt es bei Sokrates, «Wenn du sie belehrst und unterweisest und über sie befindest, so züchtige sie durch Schläge. Es ist also eine Übung, die lehrt. Eine Übung also ist die Züchtigung, welche den Körper stark macht.»

Sokrates Philosophie des Eros sagte schon damals, schmerzhafte Züchtigung steigert das Verlangen und lässt eine Sklavin den anschließenden Liebesakt herbeisehnen. Und diese Wollust, die sie dabei erfährt, ist um so höher, je konsequenter die Züchtigung durchgeführt worden ist. Das bezeichnen die Anhänger der griechischen Pädagogik, als die höchste Stufe der Ausbildung und diese Veranlagung wurde ausschließlich mit einer Rute herausgearbeitet.

Bei der Erziehung gemäß dem sokratisch-pädagogischen Eros beinhaltet das Wort pädagogisch die strenge Ausbildung durch Züchtigung, wobei nicht nur die Rute, die Peitsche, sondern auch ein schonungsloser Liebesakt oder eine verbale Zurechtweisung eine Form der Züchtigung darstellt. Mit der Rute und dem Phallus - so, wie es die Apologie der damaligen Pädagogik des sokratischen Eros aussagte.

Dass eine gezielte Förderung der Wollust durch die Peitsche möglich ist, wurde auch vom Marquis d'Argens ausdrücklich in seinem Buch Thérèse philosophe bereits 1748 empfohlen. Die großen Philosophen im Altertum und die Wissenden vor 200 Jahren wussten um die erzieherische Wirkung und hatten auch schon solche Erkenntnisse. Es gibt zahlreiche Dokumente aus diesen

Zeiten. Die Heilige Nonne und Kirchengelehrte Katharina von Siena, so um 1347, liebte es, sich von ihren Mitschwestern regelmäßig und entblößt, bis zur rauschhaften Verzückung, wie der Orgasmus genannte wurde, peitschen zu lassen. Der sexuelle Charakter der religiösen Visionen, die durch die Züchtigung ausgelöst wurden, ist in katholischen Quellen der Dominikaner bezeugt.

Der *bon sens,* der gesunde Menschenverstand beantwortet uns die Frage der Freiwilligkeit mit der gelehrten Ethik während der Erziehung. Die Freiwilligkeit ist eine Eigenschaft, die zur Handlung selbst gehört. Eine Handlung ist dann freiwillig, wenn sie mit Willen durchgeführt wird. Es obliegt allein der Sub, zu wollen, ob sie glücklich wird und das wahre Glück, das sie sich wünscht, genießen will. Glück wird ihr während einer ethischen Erziehung mit dem Erreichen und der Erfüllung ihrer körperlichen Begierden aufgezeigt und von ihr dann als Lebensziel angenommen. Der Maßstab ihres ethisches Wollens, die Freiheit ihres Willens, zeigt sich, inwieweit eine Sub bereit ist, sich Höherem zu unterwerfen: erstens, dem Willen des Ehemannes, ihres Herrn, und zweitens, ihrem vorhandenen Willen nach Befriedigung ihres Verlangens und dem Erleben der Wollust. Keine Sub muss ihre persönliche Ethik, die

Freiheit der Zustimmung verraten, um DD auszuleben. Lustvoll gehauen zu werden, ist für Subs, die das erotisieren können, nicht dasselbe wie *häusliche Gewalt*!

Eines der ersten Werke, das die Erziehungszüchtigung zum Thema hatte, erschien im Jahre 1718 von John Henry Meibomius unter dem Namen *Der Nutzen des Schlagens – Eine Abhandlung über den Einsatz von Peitschen in der Medizin.*

Er beschrieb, medizinisch getarnt, die lustfördernde Wirkung der Züchtigung. Mit Erscheinen des Buches wurde die körperliche Duziplinierung europaweit als sexuelle Spielart bekannt, insbesondere in Frankreich, wo es für eine mit Züchtigung verbundene Art des erotischen Rollenspiels benutzt wurde.

Im Rahmen eines gesetzlichen Züchtigungsrechts in England, stand damals dem Hausherrn die Möglichkeit offen, durch körperliche Züchtigung nicht nur die Kinder, seine eigene Frau, sondern auch die Dienstmägde für Verfehlungen zu bestrafen. Abgesehen davon wurde in allen Boarding Schools und Universitäten das Corporal Punishment als Erziehungsmittel eingesetzt.

Geschichte der Domestic Discipline in den USA

DD ist aus der Lehre vieler freier christlicher Kirchen der englischen Einwanderer im 19. Jahrhundert in den Kolonien der amerikanischen Ostküste entstanden, die ein CDD, ein Christian Domestic Discipline praktizierten. Der Mann ist das Oberhaupt der Familie, während die Frau unterwürfig ihrem Mann dienen soll, als ob der Herr selbst ihr Mann ist. CDD kann Disziplinierungsmaßnahmen einschließen, muss es aber nicht. Die meisten heutigen Freikirchen jedoch befürworteten für eine Ehe die Disziplinierung der Ehefrau und berufen sich auf das Alte Testament.

Diese sogenannte englische Erziehung, wie es damals noch hieß, die die Einwanderer mit nach Amerika brachten, sprach sich sehr schnell in den Kreisen und Clubs begüterter Männer herum und sie erkannten, dass die englische Erziehung, ihnen nicht nur mehr Befriedigung mit ihren jungen Ehefrauen ermöglichte, sondern in eine Ehe auch klare Strukturen brachte.

Bedingt durch die damals hohe Sterblichkeitsrate bei Frauen, war es dann Mode geworden, junge, von bekannten englischen Internaten mit dem Stock erzogene Frauen, kommen zu lassen und zu heiraten.

Der Begriff, englische Erziehung, der allein die Erziehung junger Ehefrauen durch körperliche Disziplinierung bedeutete, verlor in den Staaten zunehmend an Bekanntheit und wurde ersetzt durch das amerikanische Domestic Discipline.

Daraus entwickelte sich DD auch außerhalb der streng gläubigen Gemeinden.

Hier in den Vereinigten Staaten wird DD von weit mehr als hunderttausend Ehepartnern, ob kirchlich eng gebunden oder nicht, befriedigend praktiziert. Unser Institut gibt jährlich eine Broschüre mit einer Auflage von 10.000 heraus, die nur an eingetragene interessierte Paare, egal ob kirchlich sehr aktiv oder passiv, verschickt wird, die aber in einer Dom/Sub Partnerschaft leben. In ihr stehen hauptsächlich Hinweise für eine glückliche Partnerschaft im Sinne der Domestic Discipline.

DD als Lebensstil

Der Mensch kann nur Mensch werden durch Erziehung. Er ist nichts, als was die Erziehung aus ihm macht.

Immanuel KANT, deutscher Philosoph

Eine Ehefrau braucht nach der Hochzeit einen guten und vorbildhaften Wegweiser ins partnerschaftliche Leben. Der setzt sich zusammen aus Liebe, Geborgenheit, sexuelle Befriedigung, Grenzen und schmerzhaften Erfahrungen.

Ganz abstrakt, die Erziehung in der Domestic Discipline ist ein aktiver Akt des Ehemanns, bei welchem er versucht, seiner Ehefrau wichtige Dinge fürs Leben zu vermitteln, nämlich Liebe, Anstand, Respekt, Toleranz, Akzeptanz und Einsicht. Erziehung in der Ehe ist kein Biegen und Pressen. Da die Ehemänner ihre Gattin aber lieben und wollen, dass die Ehefrauen in der Partnerschaft und zugleich in unserer Gesellschaft klarkommen, versuchen sie, ihre Ehefrauen liebevoll zu erziehen und dabei ein Höchstmaß an Selbstbestimmung und freier Entfaltung für ihre Ehefrau zu erhalten. Es ist ein Grenzgang, wie gut dies gelingt. Mit einer Erziehung im Sinne der Vermittlung partnerschaftlich vereinbarter Normen und

Werte kann dieses Ziel eines angemessenen Verhaltens in der Ehe leichter und sicherer erreicht werden.

Ein glückliches Leben in einer Partnerschaft setzt ein gewisses Reglement voraus. Diese Regeln lernt eine Ehefrau nur durch notwendige Erziehung durch ihren Ehemann. Ohne Erziehung gibt es keinen Stellenwert innerhalb der Ehe.

Dieses Buch richtet sich ausnahmslos an Ehepaare, die sich im gemeinsamen Einverständnis darauf geeinigt haben, dass allein der dominante Ehemann die Regeln vorgibt. Es richtet sich an Ehefrauen, die sich ihrer submissiven Rolle in der Ehe bewusst sind, sie auch wollen und darin Befriedigung finden.

Dieses Buch richtet sich an Ehemänner, die ihre Dominanz zur Befriedigung ihres seelischen und sexuellen Verlangens einsetzen möchten, sich dabei aber der Verantwortung bewusst sind, ihre Ehefrau rücksichtsvoll zur Erfüllung ihrer Wünsche zu erziehen.

Das Zusammengehen von Dominanz und Submission festigt die Harmonie in einer Ehe in ungeahnter Stärke. Gerade ein ausgeprägtes starkes sexuelles Verlangen eines dominanten Ehemanns, das in den meisten D/S Ehen vorherrscht, erfordert es, dass die Ehefrau auf den richtigen Weg für das sexuelle partnerschaftliche Leben mit starker Hand geführt und gehalten werden muss. Submissive Frauen wollen klare Grenzen aufgezeigt bekommen, dass Respekt verlangt und nicht immer alles verziehen wird und wissen, dass sie bei Übertritten mit körperlichen Disziplinierungen rechnen müssen.

Das Wissen über die natürliche menschliche Sexualität ist eine wichtige Voraussetzung für ein verantwortungsbewusstes Verhalten gegenüber sich selbst, seinem Partner und der Gesellschaft. Und zudem ist die sexuelle Identitätsfindung von grundlegender Bedeutung für die menschliche Persönlichkeitsentwicklung und die Gesundheit. Die in diesem Buch beschriebene Progressive Domestic Discipline stellt die Wichtigkeit der sexuellen Ausgeglichenheit beider Partner in den Vordergrund. Mit Hilfe der PDD kann ein Ehemann für sich und zugleich für seine Ehefrau die bestmögliche sexuelle Befriedigung erreichen. So sehr manch Leserin über die Bezeichnung *Sexuelle Erziehung* verwundert ist, ist es doch gerade das gemeinsame Lernen der Regeln, Grenzen und notwendigen Korrekturen bei Fehlverhalten, was eine Partnerschaft festigt.

Sexuelle Erziehung der Ehefrau nach PDD durch ihren dominanten Mann heißt, dass er ihre submissive Sexualität durch

Ausprobieren zur Entfaltung führt. Sie lehrt, die schönen Gefühle der Befriedigung ihres Verlangens nach Unterwerfung zu genießen. Sexuelle Erziehung heißt aber auch, die Ehefrau mit strenger Disziplinierung auf ihre Aufgabe zur Befriedigung ihres Partners aufmerksam zu machen. Es bedeutet Rechte, aber auch Pflichten lernen.

Nach der Verliebtheitsphase herrscht meist ein Ungleichgewicht: Er will Sex, sie nicht! Er will speziellen Sex, sie nicht. Das belastet den Mann sehr und seine Wünsche nach Befriedigung und Phantasien werden nicht erfüllt! Frustrierend.

Und dann benutzt die Frau den Sex noch als Machtinstrument, um mehr Macht in der Ehe zu bekommen, weil es der Schwachpunkt des Mannes ist!

Das ist ein Grund warum Seitensprünge *passieren* und Affären angefangen werden, was häufig der Anfang vom Ende einer Ehe ist. Gerade weil viele Frauen ihre ersten sexuellen Erfahrungen heutzutage so früh machen, ist es von besonderer Bedeutung, dass sich der Ehemann nach der Hochzeit einsetzt und sich auch selbst darum kümmert, dass die sexuelle Erziehung der Ehefrau früh und vor allem rechtzeitig beginnt. Das Ziel, das angestrebt werden sollte, ist, dass die

Ehefrau offen mit ihrer Sexualität umgehen kann, um sie ihrem Ehemann ohne moralische Bedenken schenken zu können.

Der *New York Times*-Journalist Daniel Bergner räumt in seinem Buch *Die versteckte Lust der Frauen, What Do Women Want?*, gründlich mit Vorurteilen auf. Er behauptet, dass Frauen in monogamen Beziehungen sich schon nach kurzer Zeit von ihren Sexpartnern gelangweilt fühlen, sich nach neuen Spielarten und nach wechselnden Partnern sehnen. Bei Frauen erkalte die Lust bereits nach 24 bis 36 Monaten, schreibt Bergner, während Männer ihre Partnerinnen auch nach Jahrzehnten noch sexuell anziehend finden können. Selbst Frauen sei das möglicherweise gar nicht bewusst. Der Verlust der Libido, des Verlangens der Frau nach dem eigenen Mann kann durch die Domestic Discipline verhindert werden - und, am offenkundigsten zeigt sich dann, dass dieser Verlust vermeidlich ist.

Erziehung ist all das, was gemacht wird, um der Ehefrau eine glückliche, ansprechende und fördernde Lebensumgebung zu gestalten, die zu ihrer bestmöglichen Entwicklung beiträgt. Insbesondere die sexuelle Erziehung der Ehefrau hilft ihr bei der Entfaltung ihres biologischen Wesens: ihrer Sinne für Lust, ihre sexuellen körperlichen

Fähigkeiten, erlernen von sexuellen Praktiken, mit denen sie dienen kann. Sie hilft bei der Entwicklung ihres sozialen Wesens, bei der Entwicklung zum Vernunftwesen: Intellekt, Sprache, Denken, einsichtiges Handeln, Bindungsfähigkeit, Verantwortungsbewusstsein, Bedürfnisaufschub, sexuelle Spielregeln, Aufgabe falscher Moralvorstellungen bei außergewöhnlichen sexuellen Praktiken und bei der Auseinandersetzung mit Fragen über die eigene Identität und ihren eigenen sexuellen Bedürfnissen.

Die Grundlage bei meinen Beratungen ist das Wissen, dass es in der Domestic Discipline-Community die Frauen sind, die von ihrem Ehemann im traditionellen Rollenspiel geführt und auch körperlich seine männliche Dominanz spüren wollen. Frauen, die die erotische Dimension der körperlichen Dominanz erregend und als luststeigernd empfinden und die den ehrlichen Wunsch und die Sehnsucht haben, sich einem Mann verlangend auszuliefern, der mit dieser Sehnsucht verantwortungsvoll umgehen kann und sie mit Hilfe von Disziplinierungen dazu erzieht. Erziehung mit fühlbarer Disziplinierung ist notwendig, wenn ein Ehemann eingreifen muss, wenn etwas anders läuft als gewünscht. Eine schmerzhafte Erziehungslektion kann dabei auch die Erregung fördern und dieses Buch soll Ihnen zeigen, dass die Ehefrau zu einer erfüllenden sexuellen Befriedigung Schritt für Schritt durch entsprechende Erziehungslektionen mit körperlicher Züchtigung erzogen werden kann. Mit dieser sexuellen Erziehung genießen viele Subs den Rausch erotischer Spiele, auch wenn sie die Peitsche spüren - eine prickelnde Atmosphäre, die die Schmerztoleranz erhöht und zu orgiastischen Höhepunkten führen kann.

Die Ehefrau muss körperlich spüren, was Macht ist, damit sie sich befreien kann, um leichter ihre sexuelle Unterwerfung als Beglückung erleben zu können.

Grundsätzlich ist sexuelle Erziehung von Frauen vielschichtiger, da es auch um deren eigenes Körperempfinden geht. Sexualerziehung heißt nicht alles durchgehen zu lassen. Sondern den in sexuellen Dingen unerfahrenen Ehefrauen aufzuzeigen, wenn etwas in ihrer sexuellen Entwicklung stört.

Die Sexualerziehung stellt einen wichtigen Erziehungsbereich in der Ehe dar. Sie soll die meist unerfahrene Ehefrau mit den Fragen der Sexualität vertraut machen, ihr Verständnis für Partnerschaft entwickeln und ihr Verantwortungsbewusstsein gegenüber ihrem Ehemann stärken. Dabei sind Zurückhaltung, Offenheit und Toleranz gegenüber verschiedenen Wertvorstellungen geboten. Die Unterrichtung der Ehefrau in spezielle sexuelle Praktiken sollte ihren Reifegrad und entsprechende entwicklungspsychologische Aspekte berücksichtigen. Der Erziehungsauftrag des Ehemanns bei der Domestic Discipline schließt die Sexualerziehung der Ehefrau als einen wichtigen und unverzichtbaren Teil der Gesamterziehung mit ein. Der Sexualerziehung liegt ein umfassender und ganzheitlich-personaler Begriff menschlicher Sexualität zugrunde.

Die Ehefrau soll durch die Reflexion glücksbringender eigener sexueller Befriedigung und schmerzhafter Erfahrungen bei Disziplinierungen lernen, die Bedeutung ihrer Gefühle und ihres Verstandes für ihr eigenes Verhalten und das des Ehemanns zu verstehen.

Das heißt, durch diese Auseinandersetzung erlernt die Ehefrau bei der sexuellen Erziehung, welches ihre Aufgaben sind und wie sie dem Ehemann sexuell zu dienen hat.

Einem dominanten Ehemann stehen dabei verschiedene Formen von Erziehungslektionen zur Verfügung. Nach einer mündlichen Zurechtweisung, Ausgeh- oder Shoppingverbote, Zimmerarrest, stehend in einer Ecke nachdenken, leichtes Spanking mit der Hand oder Einsatz von Erziehungsinstrumenten, wie Stock oder Peitsche.

Dabei sind Schläge beim Disziplinieren mit der Hand, Stock oder Peitsche erzieherisch am wirkungsvollsten.

Für die allermeisten Ehefrauen bedeuten schmerzhafte Erfahrungen bei Disziplinierungen zugleich eine Steigerung ihrer Libido, ihres Verlangens und eine Erleichterung zur Erreichung ihres Orgasmus. Eine konsequente Sexualerziehung der Ehefrau mit nach und nach gesteigerter schmerzhafter körperlicher Disziplinierung erhöht ihre Bereitschaft, sich auch den von ihrem Ehemann gewünschten außergewöhnlichen und belastenden sexuellen Praktiken hingeben zu können. Dies sollte das Minimalziel der sexuellen Erziehung einer Ehefrau in jeder Ehe der Domestic Discipline sein und ermöglicht beiden Partnern eine harmonische Ehe zu führen, die auch einem ausgeprägt dominanten Ehemann dauerhaft die sexuelle Befriedigung durch seine Gattin sicher stellt.

Die partnerschaftliche Sexualerziehung berührt einen sehr persönlichen Bereich der Ehefrau, daher ist hier besonderes Verantwortungsbewusstsein und Taktgefühl seitens des Doms, des Erziehers nötig. Persönliche Einschätzungen und Bewertungen des sexuellen Verlangens der Ehefrau müssen sehr behutsam erfolgen, dabei ist die Intimsphäre der Ehefrau, ihre unterschiedliche Entwicklung, ihre Scham und ihre Unsicherheit zu achten. Sexualerziehung in der Ehe kann nur in einer Atmosphäre gegenseitiger Rücksichtnahme und einer konsequenten Führung durch den Mann gelingen. Die Themen Körper, Gefühle und sexuelle Wünsche der Ehefrau müssen bei der Erziehung genauso berücksichtigt werden, wie die Frage, wie weit kann mit körperlicher Disziplinierung ihre Bereitschaft zu mehr und außergewöhnlichen sexuellen Praktiken erreicht werden. Ziel der partnerschaftliche Sexualerziehung für den dominierenden Ehemann ist es, die höchstmögliche sexuelle Befriedigung durch seine Ehefrau zu erhalten. Das Ziel der Erziehung für die Ehefrau ist, ihre Bereitschaft zu erhöhen, dem Ehemann alle Arten sexueller Befriedigung zu gewähren.

Rechtliche Konsequenzen

Es ist interessant zu wissen, dass der Unterschied zwischen einer Partnerschaft und einer Ehe rechtsrelevant ist. Diese Kenntnis ist wichtig für Ehepaare, die sich gemeinsam der Domestic Discipline, der fortschrittlichen Disziplinierung, unterworfen haben.

Es gibt durchaus eine *Sexpflicht* in der Ehe. Das *Common Law* sieht vor, dass die Ehepartner einander zur *ehelichen Lebensgemeinschaft* verpflichtet sind und damit auch zur sogenannten Geschlechtsgemeinschaft, die sexuellen Verkehr einschließt. Das bedeutet, Verweigerung von Sex verstößt gegen ein Grundprinzip des Rechtsinstituts Ehe. Nach verbreiteter juristischer Auffassung kann die *Sexpflicht* nicht einmal per Ehevertrag ausgeschlossen werden. Nach dem *Common Law* ist die Partnerin verpflichtet, in der Ehe Sex zu haben und zu gewähren. Wie oft und wie obliegt dem Paar. SEX IST IN DER EHE PFLICHT!

Eine nur von der Ehefrau herrührende Verweigerung kann eine eheliche Pflichtverletzung darstellen, die nach der juristischen Literatur unterhaltsrechtlich relevant sein kann. Der Unterhalt kann versagt, herabgesetzt oder zeitlich begrenzt werden kann, wenn der beschuldigten Ehefrau ein offensichtlich schwerwiegendes, eindeutig bei ihr liegendes, Fehlverhalten gegen den ehelichen Verpflichtungen zur Last fällt. Das US-Bundesgericht hat den engagierten ehelichen Geschlechtsverkehr als Voraussetzung zum Erhalt der Ehe angesehen: «Die Frau genügt ihren ehelichen Pflichten nicht schon damit, dass sie den Geschlechtsakt teilnahmslos geschehen lässt. Wenn es ihr infolge ihrer Veranlagung oder aus anderen Gründen versagt bleibt, im ehelichen Akt Befriedigung zu finden, so fordert die Ehe von ihr doch eine Gewährung in ehelicher Zuneigung und Opferbereitschaft und verbietet es, Gleichgültigkeit oder Widerwillen zur Schau zu tragen. Denn erfahrungsgemäß vermag sich der Partner, der im ehelichen Verkehr seine natürliche und legitime Befriedigung sucht, auf die Dauer kaum jemals mit der bloßen Triebstillung zu begnügen, ohne davon berührt zu werden, was der andere dabei empfindet. Deshalb muss der Partner, dem es nicht gelingt, Befriedigung im ehelichen Liebesakt zu finden, die Gewährung des Liebesaktes als ein Opfer bejahen, das er den legitimen Wünschen des anderen um der Erhaltung der seelischen Gemeinschaft willen bringt». Das sagt das Bundesgericht. Es führt weiter aus: «Die Pflicht zum Liebesakt in der Ehe sollte nicht so interpretiert werden, als ob der Mann seine Frau zum Sex zwingen dürfte. Es ist eher umgekehrt zu sehen: Die Ehefrau, die nicht mehr bereit ist, ihren Ehepartner ein ausgeglichenes und glückliches Sexualleben anzubieten, ist unfähig eine gesunde und zufrieden stellenden Partnerschaft anzubieten. Eine Scheidung, allein aufgrund dieser Tatsache, ist auf Verlangen des Mannes möglich.» *Boston Municipal Court Department 2001*

Dies sollte sich eine Ehefrau bewusst sein. Erst recht in der fortschrittlichen Domestic Discipline, in der es die Pflicht der submissiven Ehefrau, der Sub ist, alle sexuellen Wünsche ihres dominanten Ehemanns, ihres Doms zu erfüllen. Sie akzeptiert, dass er sie dazu bei Verweigerung oder nachlässiger Hingabe körperlich züchtigen kann. Es gibt etliche Urteile, auch in Neuengland Staaten, dass bei Nachweis einer seit längeren praktizierten körperlichen Disziplinierung im Rahmen einer einvernehmlichen partnerschaftlichen Domestic Discipline, bei einer Scheidung die Klage der Ehefrau auf erhöhten Unterhalt oder gar Verurteilung des Mannes wegen Gewalt in der Ehe abgewiesen wurde. *Boston Municipal Court Department, 2000, Family Court of the State of New York, 2001.*

Referend Carol Whitaker und ich empfehlen zur rechtlichen Absicherung, nicht den Abschluss eines sogenannten Sklavinnenvertrages, weil diese in der Regel gerichtlich nicht anerkannt werden. Vielmehr empfehlen wir den Ehepaaren, die sich zur Domestic Discipline entschlossen haben, das Gespräch in Rahmen einer Beratung bei mir, bei Pastorin Whitaker oder in einer DD-Community zu suchen. Es ist zur rechtlichen Bewertung hilfreich, in einer etwaigen juristischen Auseinandersetzung, über bekannte Personen zu verfügen, die als Zeuge bestätigen können, dass eine bereits lange vorher bestehende einvernehmliche Praxis einer Domestic Discipline in der betreffenden Ehe üblich war, die körperliche Züchtigungen zur sexuellen Lusterweiterung beinhaltete. Pastorin Whitaker und ich bieten Gespräche für Ehepaare an, die Domestic Discipline praktizieren, um sich für die Zukunft abzusichern. Insbesondere auch für Ehefrauen persönliche Beratungstermine, in denen Lösungen bei Problemen in der Ehe gefunden werden können.

DD als Erziehungsmethode

Viele Männer fragen sich: Wie bekomme ich meine Partnerin dazu, mir meine geheimsten sexuellen Wünsche zu erfüllen? Welche Möglichkeiten gibt es, ihr meine gewagtesten Erotik-Träume mitzuteilen und sie mit ihr auszuleben? Wie lasse ich sie die eigenen Tabus überspringen?

Die Antwort innerhalb der Progressiven Domestic Discipline lautet: einfühlsame sexuelle Erziehung mit entsprechender schmerzhafter Disziplinierung! Ob Oral- oder Analverkehr, ob Bondagespiele, Outdoor-Sex oder Englische-Erziehung mit Stock oder Peitsche, nehmen Sie den Willen Ihrer Partnerin selbst in die Hand; helfen Sie ihr dabei, die Tür zu einem Reich vollkommener Lust zu öffnen! Disziplinierungsrituale bieten dem Mann die Möglichkeit, auf spielerische Weise lustvolle Neigungen auszutesten und selbst die größten intimen Tabus seiner Partnerin zu durchbrechen. Rücksicht auf ihre Wünsche und sexuellen Grenzen, Respekt vor ihren Ängsten und Bedürfnissen und der liebevolle Umgang mit Körper und Seele sind dabei selbstverständlich. Wer das berücksichtigt, kann sich durch sexuelle Disziplinierung die bizarrsten erotischen Träume erfüllen. Zahlreiche Interviewpartner verrieten uns, wie eine solche Beziehung aussehen kann.

Sie beweisen: Sexuelle Disziplinierung mit konsequenter körperlicher Züchtigung ist nicht abartig, sondern lediglich anders; sie hebt sich vom Normalen ab und kann dadurch auch abstoßen und schockieren; aber diese sexuelle Disziplinierung schenkt beiden Partnern absolute Befriedigung körperlicher und seelischer Art und eine neue Lust-Dimension in der Partnerschaft!

Es ist für den Ehemann nicht immer einfach, bei den sexuellen Erziehungsmaßnahmen den richtigen Mittelweg zwischen *Zuckerbrot und Peitsche* zu finden, aber es ist möglich. Bergner schreibt: «Das weibliche Verlangen in seinem ganzen Ausmaß und seiner Gewalt ist eine unterschätzte, nicht entfesselte Kraft - selbst heute noch, in einer Zeit, in der Sex so allgegenwärtig und ohne Tabus zu sein scheint.»

Die Progressive Domestic Discipline zeigt dem Ehemann den Weg auf, wie er das unbändige weibliche Verlangen durch die Erziehung mit der Peitsche Lektion für Lektion entfesseln kann. Den Ehefrauen, die diese Art der sexuellen Erziehung durch einen fürsorglichen Ehemann geschenkt bekommen, eröffnet es eine völlig neue Art der Befriedigung und Entfesselung ihrer sexuellen Kraft, wie wir es von hunderten unserer Leserinnen begeistert bestätigt bekommen haben.

Weiterführende exklusive Lektionen, die es einem dominanten PDD Ehemann ermöglichen, seiner Ehefrau den Weg aufzuweisen, wie sie in die sexuelle Katharsis, den sexuellen Subspace gelangt, machen es notwendig, dass eine besondere Sexualerziehung mit schmerzhafter Züchtigung, das sogenannte Maintenance, angewendet wird. Im sexuellen Subspace kann eine Ehefrau die entfesselte gewaltige Kraft ihres eigenen sexuellen Verlangens erleben und ihrem Ehemann uneingeschränkt von moralischen Bedenken ihren ganzen Körper zu seiner Befriedigung zur Verfügung stellen. Für die dabei notwendige Rücksichtnahme und Nachsorge durch den Ehemann verweisen wir auf das ausführliche Kapitel Maintenance. Einer Ehefrau ein fürsorgliches Maintenance zugutekommen lassen, ist die wirksamste Lektion der ehelichen Sexualerziehung in der Domestic Discipline. Diese durchaus schmerzhaften Lektionen stellen langfristig eine zufriedene Erziehung der Ehefrau sicher, die, regelmäßig geschenkt, dauerhaft ihre Bereitschaft aufrechterhält, ihren Körper für die umfassende Befriedigung des sexuellen Verlangens ihres Gatten, auch zu außergewöhnlichen Sexualpraktiken gehorsam anzubieten.

Mit einer strengen Disziplinierung und körperlicher Züchtigung kann ein Ehemann nicht nur das sexuelle Verlangen der Ehefrau fördern, sondern auch in Grenzen halten und so steuern, dass er es geschenkt bekommt, wenn er es wünscht. Eine schmerzhafte Züchtigung ohne anschließenden Liebesakt ist sicherlich eine harte Disziplinierungsmaßnahme, läuft beim Ehemann aber oft dem Wunsch nach sexueller Befriedigung zuwider.

Die Progressive Domestic Discipline nimmt Rücksicht auf die erhöhte sexuelle Aktivität dominanter Männer und möchte Hinweise geben, wie die sexuelle Harmonie unter diesem Gesichtspunkt erreicht werden kann. Ein Dom sollte bedenken: Die zeitweise Einschränkung der sexuellen Freiheit der Frau ist nur in dem Maße gerechtfertigt, wie sie sich im Interesse zukünftiger sexueller Freiheit des Ehemanns als erforderlich erweist. Die Progressive Domestic Discipline möchte den Ehefrauen aufzeigen, wie sie ihren Ehemännern die höchstmögliche sexuelle Befriedigung schenken können, dabei gleichzeitig das eigene Verlangen stillen und größtmögliche Erfüllung finden.

Ein Dilemma, das häufig in länger bestehenden Beziehungen zu beobachten ist, die nicht der Domestic-Discipline folgen: Wenn das Feuer nicht mehr brennt, entsteht klammheimlich schleichendes Abrücken, Abgrenzen, innerer Rückzug. Kommunikationsversuche zwischen den Ehepartnern ersticken zunehmend in endlosen Debatten, Schuldzuweisungen, in Angriff, Verteidigung und Blockade. Kein Anfassen mehr, kein Kuss – von gutem Sex ganz zu schweigen. Dabei ist der Wunsch offensichtlich ein ganz anderer: lieben und sich geliebt fühlen. In der Phase höchster Verliebtheit sind wir zu allem bereit. Hauptsache zusammen. Doch leider ist dieser Zustand nicht von ewiger Dauer. So schreibt Daniel Bergner: «Nach einiger Zeit lassen wir die Freundschaft, die uns mit dem Partner verbindet, an kleineren und größeren Irritationen leiden.»

Nach zahlreichen Analysen streitender Paare glaubt Bergner: «Bei heftigen Auseinandersetzungen zwischen Paaren geht es nicht wirklich darum, ob das Essen auf dem Tisch ist und wer den Müll austrägt. Dahinter verbergen sich tiefere, seelische Verletzungen.»

Die basieren auf der Unterschiedlichkeit der Partner in so fundamentalen Bereichen wie Bedürfnisse, Lebenseinstellung, Persönlichkeit und sexuelle Befriedigung. Die Gratwanderung zwischen der Sehnsucht nach Selbstentfaltung und der Sehnsucht nach Zugehörigkeit und Liebe ist schwierig. Deswegen benötigt eine gute eheliche Partnerschaft heute mehr denn je, was die Domestic-Discipline auf die einfache Formel «Liebe braucht Verbindlichkeit und Regeln» gebracht hat.

Und sie bietet eine klare Antwort auf die Frage: Was bin ich für den anderen?

In der Phase frischer Verliebtheit konnten sich die Eheleute eine Partnerschaft ohne Liebe nicht vorstellen, und jetzt nach einem Problem soll das gehen? Verlassen Sie sich auf die Domestic-Discipline! Disziplinierung bringt Versöhnung - alles ist vergeben und der anschließende Sex bringt die Liebe zurück. Denn Sex bringt eine Menge guter Hormone in Wallung: Endorphine lösen euphorische Gefühle aus. Freude und Lust pur! Außerdem ist Oxytocin im Spiel, das Stress hemmt, Leidenschaft entfacht, die Liebe stärkt. Nach einer heftigen Disziplinierung sollte also emotionaler Sex folgen - lockende Versöhnung! Fehlverhalten gibt es in jeder Beziehung immer mal wieder. Eine erzieherische Disziplinierung zeigt den Weg, sich danach auch wieder versöhnen und Frieden schließen zu können.

Wichtig ist, dass der dominante Partner seiner Frau die Vergebung und Versöhnung spüren lässt. Nicht immer ist der Weg zur Versöhnung leicht. Die wichtigste Voraussetzung für eine Versöhnung ist immer die ehrliche Aussprache nach einer Disziplinierung. Konsequente Erziehung sollte ein Wechselspiel aus Loben und Strafen sein. Eine Ehefrau, und sei sie noch so unterwürfig, die zu viel bestraft wird, verliert den Lebensmut. Wer allerdings nur gelobt wird, schätzt sich selbst falsch ein. Disziplinierungen müssen einer Situation angemessen sein und der Einsicht der Ehefrau in eine gerechte Bestrafung entsprechen. Die Disziplinierung soll das Fehlverhalten korrigieren und nicht das Selbstbewusstsein der Frau. Die Ehefrau soll die Disziplinierung im Nachhinein akzeptieren.

Sinnvolle Disziplinierungen geben nicht nur Orientierung, sondern auch die Möglichkeit, kleine Fehltritte durch Abbüßen wieder in Ordnung zu bringen. Nach jedem Streit muss es wieder eine Versöhnung geben. Wenn die Ehefrau eine schmerzhafte Bestrafung abgebüßt hat, sollte der Dom ihr zeigen: So ist es richtig - jetzt können wir uns wieder vertragen. Sie ist wichtig für mich. Bestrafung, Disziplinierung klingt nach Gewalt, Erniedrigung und schwarzer Pädagogik. Diese Worte sind heute außerhalb der Domestic-Discipline verpönt, gelten als sexistisch und Missbrauch. Deshalb wollen viele Ehemänner am liebsten gar keine Konsequenzen mehr ziehen – und tun ihren Frauen trotzdem keinen Gefallen.

In Partnerschaften der Domestic-Discipline führt der dominante Ehemann seine Frau und kann, wenn nötig und wie es das Wort sagt, disziplinieren. Disziplinierungen in den verschiedensten Formen, von einfachen Strafen bis hin zu schmerzhaften Züchtigungen. Diese sind für viele Subs ein immer wiederkehrendes Element der gemeinsamen Erotik – nicht ein Auspeitschen, sondern ein Aufpeitschen der Lust, im wahrsten Sinne des Wortes und ein Genuss. Es ist letztendlich alles ein erotisches Spiel, also kann die Demütigung, die erlebt und doch genossen wird, nie eine wirkliche Demütigung sein.

Eine wirklich devote Sub liebt die Dominanz, Unterwerfung und Züchtigungen. Allein diese Geilheit, dieses zeitweise heftige erotische Verlangen nach Lust zur spürbaren Unterwerfung, ermöglicht überhaupt erst ein Ausleben.

Am besten erzieht man Ehefrauen, wenn sie die Folgen ihrer Fehltritte sofort körperlich spüren. Wenn sich beide wieder vertragen, muss die Frau kein schlechtes Gewissen mehr haben, weil sie ihre Strafe ja verbüßt hat. So kann die Konsequenz sogar entlastend wirken. Manche Ehefrau fragt sich insbesondere bei der sexuellen Erziehung, warum werde ich körperlich diszipliniert, obwohl ich mich hingebe. Eine submissive, unterwürfige Ehefrau, die sich einem dominanten Ehemann anvertraut hat, sollte erkennen, dass auch die körperliche Züchtigung während einer sexuellen Erziehungslektion ihrem Dom Befriedigung schenkt und es ihre eheliche Pflicht als Sub ist, ihm zu dienen. Auch ist es in den seltensten Fällen eine Bestrafung, sondern eine vorbeugende Maßnahme, ihre Bereitschaft ihrem Dom höchstmögliche sexuelle Befriedigung zu bieten, aufrechtzuerhalten. Insbesondere regelmäßig stattfindende außergewöhnlich belastende sexuelle Praktiken können mit vorbeugenden Züchtigungen bei der sexuellen Erziehung und der dann folgenden Versöhnung, einfühlsam vorbereitet werden. Das Auffangen, die Nachsorge und die versöhnende Aussprache nach einer sexuellen Erziehungslektion sind das wichtigste Element bei der Progressive-Domestic-Discipline und bilden die Grundlage für eine harmonische Partnerschaft.

In meinen Beratungseinheiten gehe ich individuell auf die Partnerinnen und ihre

Bedürfnisse ein. Dabei ist es wichtig, dass die Bereitschaft vorhanden ist, an sich zu arbeiten und Dankbarkeit zur schmerzhaften Züchtigung zu entwickeln.

Disziplinierungsmethoden im DD

In meinen Beratungseinheiten gehe ich individuell auf die Partnerinnen und ihre Bedürfnisse ein. Dabei ist es wichtig, dass die Bereitschaft vorhanden ist, an sich zu arbeiten und Dankbarkeit zur schmerzhaften Züchtigung zu entwickeln. Je eher die Paare damit anfangen und erkennen, was geändert werden kann, umso schneller wird sich ihre Liebe verfestigen.

Mit der fortschrittlichen Disziplin wird die Sub Neues über sich selbst und ihre psychologischen Barrieren erfahren. Mit den anfänglichen Züchtigungen, der eigentlichen Erziehung, soll die Sub lernen, was der Herr des Hauses wirklich will und von ihr erwartet. Es ist manchmal schwer für eine Sub, wenn ihr Dom besondere exquisite und schmerzhafte Liebesdienste, wie zum Beispiel anale Spielereien mit Plugs oder seinem Glied verlangt. Ist die Sub bereit, sich dazu formen zu lassen, wird es ihr auch diesen Dienst erleichtern. Später, wenn der Alltag beide Ehepartner im Griff hat, wird die Sub sich nach den regelmäßigen Züchtigungen sehnen, da auch sie dabei eine gesteigerte sexuelle Befriedigung erreicht.

Domestic Discipline in einer Ehe ist eben

mehr, als nur ab und zu SM zu spielen. Als erfahrene Eheberaterinnen vieler Paare, die DD praktizieren, kann ich dazu sagen: Der DD Lebensstil beinhaltet Dominanz, Unterwerfung, Gehorsam, Respekt, Ehrlichkeit, Vertrauen, Führung und sexuelle Erfüllung; und zwar dauerhaft. Erreicht auch durch die körperliche Disziplinierung der Ehefrau bei ungebührlichen Verhalten oder um sie zu führen und zu formen. Neben der Verstärkung positiver Verhaltensweisen für das Wohl in der Partnerschaft beim alltäglichen Zusammenleben, ist der Herr des Hauses, der Dom auch für die Korrektur unerwünschter Verhaltensweisen im sexuellen Bereich verantwortlich und hat sie mit einer körperlichen Bestrafung zu korrigieren. Der Dom hat in der fortschrittlichen Domestic Discipline das Recht, dass er allein entscheiden kann, wann, wo, wie und wie oft er seine Ehefrau allein zur Befriedigung seiner sexuellen Bedürfnisse, benutzen oder disziplinieren kann. Er wird sie lieben und sie kann ihm ihre Liebe zeigen. Freiwillige Unterwerfung ist der schönste Zustand und wie wäre der möglich ohne Liebe! So lässt er seine liebende Gattin und Sub von der Begierde zum Genuss taumeln und im Genuss hungert sie nach neuer Begierde. Schmerzhafte Disziplinierungen zu Sex sind die notwendigen Formungen einer Sub und die sind im Rahmen eines intensiven Sub-Trainings unerlässlich. Nur mit ihnen allein wird eine Sub erfolgreich erzogen. Der wahre Charakter der sexuellen Domestic Discipline ist einzig und allein, dass die Sub zu dem Sex erzogen wird, den ein Dom verlangt und den er mit ihr praktizieren will. Das allein zählt.

Progressive Domestic Discipline ist Erziehung zu erfüllendem Sex. Auch zu außergewöhnlichen Sex, den ein Dom will und zu einer erfüllenden Befriedigung des sexuellen Verlangens der Sub. Sex ist die Triebfeder für einen Dom und auch für die Sub.

Die Domestic Discipline hat nur ein einziges wahres Ziel. Dass der Dom seine Sub so nutzen kann, wie er allein es will, auch wenn es noch so ungewöhnlich und für die Sub belastend ist; und das erlernt sie mit Disziplinierung. Die körperliche Züchtigung zur Disziplinierung ist dabei genauso Sex, wie der eigentliche Geschlechtsverkehr. Alle Subs, die in der Domestic Discipline so trainiert werden, wie wir es empfehlen, sind sich dessen mit der Zeit bewusst, lernen es dann zu lieben, wollen die Macht ihres Dom's körperlich spüren. Die konsequente Umsetzung der fortschrittlichen Domestic Discipline, wie wir sie in diesem Buch empfehlen und der sich die Sub mit ihrer Zustimmung unterworfen hat, erlaubt es dem Dom auch, durch Züchtigung bei schmerzhafter Fixierung, einen außergewöhnlichen Liebesakt zu erzwingen. Ein Recht, seine Ehefrau widerspruchsfrei ficken zu können, wann immer, wo immer und wie immer er Lust auf sie hat, und sei es noch so ungewöhnlich und belastend für sie. Es ist ein Recht, dass jeder Dom wahrnehmen wird - und seine Sub hat ihm nicht nur zu gehorchen, sondern sie wird sich jedes Mal bei ihm für die Liebe, die er ihr schenkt, für die Züchtigung und wie sie mit körperlicher Liebe bedacht worden ist, bedanken. Den Dank erwartet er, das stimmt ihn gnädig und festigt die Ehegemeinschaft. Eine solche Ehe wird eine besondere Partnerschaft sein. Eine Partnerschaft, nur den beiden Ehepartnern zugänglich. Da herrscht ein besonderes Gesetz - das Gesetz der Domestic Discipline und das heißt Lust, gewähren, schenken, erhalten und erleben. Wer einmal in solch einer Partnerschaft und in diese verborgene Welt der Unterwerfung hineinschaut, sich dieser Lust ergeben hat, der will sie nicht mehr verlassen. Es hat etwas Mystisches, das beide Ehepartner gefangen nimmt.

In der fortschrittlichen Domestic Discipline soll die Ehefrau durch sexuelle Stimulation und gleichzeitigen schmerzhaften Spanking, vorzugsweise mit einem Riemen oder Peitsche, dazu erzogen werden, ihren Orgasmus zu kontrollieren. Der Orgasmus der Frau ist für das Vergnügen des Mannes, nicht nur für ihr Vergnügen. Hier sind einige Empfehlungen für den dominanten Ehepartner aufgeführt. Verbieten sie ihrer Ehefrau ein generelles Mitspracherecht bei diesen Trainingmethoden. Wenn Ihre Ehefrau um einen Orgasmus bettelt, verweigern Sie ihn ihr. Wenn sie während eines Orgasmus bittet und fleht aufzuhören, bringen Sie sie mit Peitschenhieben und ununterbrochener Stimulation zu weiteren Orgasmen. Mit dieser Erziehungsmethode lernt Ihre Frau, dass sie für das Vergnügen ihres Mannes da ist und sie erkennt, das ihre Lust und seine Lust gleichbedeutend und zusammenhängend sind und sie die Lust nur von ihrem Mann geschenkt bekommt. Dieser Lernprozess, der nur durch sehr regelmäßiges Training erreicht werden kann, bindet die Ehefrau mit ihrem Körper, ihrer Lust und ihrem Geist an ihren Mann.

Der Hinweis für den Dom: Die Züchtigungen sollten nicht ausufern, dann ist eine erfolgreiche Unterrichtslektion gewährleistet.

Hinweise an die Ehefrau: Öffnen sie sich mit ganzem Herzen der Stimulation und erwarten sie freudig ihren Orgasmus. Sie werden ihn geschenkt bekommen.

Gemäß der fortschrittlichen Domestic Discipline ist es die Pflicht der Sub, nicht nur alle sexuellen Wünsche ihres Gatten zu befriedigen, sondern ihre volle Aufmerksamkeit insbesondere seinem Verlangen nach Befriedigung zu widmen und ihm mit ihrem gesamten Körper und allen seinen Öffnungen zu dienen. Das beinhaltet ausdauernde Masturbation des Gliedes mit der Hand, oraler Verkehr, das Schlucken seines Samens, vaginaler Liebesakt in allen gewünschten Stellungen und auch den analen Verkehr. Es mag sein, dass die Sub ängstlich ist, von Gefühlen überwältigt und sogar ein wenig erschrocken ist, wenn sie mit angekündigter Züchtigung zu besonderen sexuellen Diensten verpflichtet wird. Aber selbst mit diesen im Herzen tanzenden Gefühlen wird Sie höchstwahrscheinlich bei sich eine hohe Erregung und Vorfreude auf sexuelle Befriedigung feststellen. Die fortschrittliche Domestic Discipline hat das Potenzial für sehr positive Auswirkungen auf das Sexualleben in der Ehe und bringt einen hohen Grad an Lust und Vergnügen mit sich.

Eine Sub muss erkennen, dass sie mit der generellen Zustimmung gegenüber ihrem Ehemann die Verpflichtung eingegangen ist, ihm zu seinem sexuellen Verlangen, auch außergewöhnlichen Liebesspielen zu dienen. Ihr Bekenntnis dazu und dieses Bewusstsein soll ihr allgegenwärtig sein und sollte vom Ehemann mit regelmäßigen Disziplinierungen aufrechterhalten werden. Vergessen sollte sie es nicht. In einer Domestic Discipline Beziehung ist es bedeutsam, dass die Sub sich ständig daran erinnert, wo ihr Platz ist.

Dazu wird sie mit körperlicher Disziplinierung erzogen. Das kann mal sanft geschehen oder auch mal so richtig schmerzhaft sein. Je öfter eine Sub durch Züchtigung daran erinnert wird, dass sie sich zu unterwerfen hat, desto gefestigter wird sie in ihrer Unterwerfung. Die ausgesprochene Höflichkeit und Rücksichtnahme ihres Doms im Alltag ist Ausdruck seiner Macht über sie. Er kann sich das leisten. Eine Macht, die sie anerkennt und die sie glücklich macht. Um ihr das immer wieder vor Augen zu führen, wird er sie ab und zu züchtigen. Und die Sub mag es, seine Macht körperlich zu spüren und sie sehnt sich danach. Alle Frauen, die ich kenne, geben zu, dass sie es sogar wollen, es brauchen und ihn auch deshalb lieben. Sie akzeptieren, dass er sehen will, wie sie sich unter seinen Schlägen winden, dass er ihre schrillen Schreie hören will - und wie sie ihre Tränen vergießen. Es heißt, dass die Tränen allein dem Dom gehören und sie ihm von der Sub geschenkt werden.

Die Sub muss sich frei machen von inneren Widerständen und sich ihrem gewählten Schicksal hingeben. Sie soll die Schmerzen, die er ihr zufügt, offen annehmen und sie werden sich auf einen Bruchteil reduzieren. Wenn die Sub bereit ist, sich für sein Verlangen hinzugeben, sind diese Züchtigungen ein Geschenk.

Ja, Züchtigungen tun manchmal weh.

Disziplinierung soll weh tun. Sie beinhalteten einen großen Lerneffekt, der bei der Erziehung zu einer gehorsamen Sub notwendig ist. Aber von einer anderen Seite betrachtet, macht es frei von Widerstandsgedanken und Angst. Der Dom tut weh aus Fürsorge und Liebe, dem Kernpunkt des Sub-Trainings. Nur schmerzhafte Hiebe fördern die Ausschüttung von Endorphinen. Diese sogenannten EndoOpiate sind körpereigene morphinähnliche Stoffe, die bei einer ernsthaften Züchtigung schmerzfreie Phasen erzeugen und in eine euphorische Verfassung mit höchsten Glücksgefühlen versetzen können. Mit dem Spanking schenkt der Dom diese Glücksgefühle - und die Sub verlangt diese himmlischen Empfindungen.

Die Halsband Zeremonie

Für viele submissive Frauen ist der Empfang des Halsbandes ein ganz besonderer Anlass. Für einige bedeutet dies eine herausragende Feier ihrer Beziehung und der bevorstehenden Verpflichtung. Das Halsband symbolisiert das Engagement der Sub und nicht selten ihre Liebe und Hingabe an ihren Dom. Ein Halsband für Untergebene ist eines der grundlegendsten Symbole ihrer Beziehung und eines, das normalerweise mit ihrem Herzen bewacht und beschützt wird. Es gibt keine richtigen oder falschen Möglichkeiten, um es zu tragen. Sie können formell oder informell sein, privat oder vor einer Gruppe Ihrer Freunde und «Familie».

Ein Collar ist traditionell ein Lederhalsband mit einem stählernen O-Ring, der um den Hals befestigt wird. Aber das sind nicht alle Halsbänder. Es gibt so viele Collars wie es Beziehungen gibt. Das Besondere ist, dass jedes Halsband einzigartig und speziell für die Menschen ist, die es geben und empfangen. Es muss nicht offensichtlich sein und die Sub muss es auch nicht immer tragen. Es gibt Halsbänder mit Nieten, mit Stacheln, geflochtene Halsbänder aus Leder, und es gibt Ausführungen ganz aus Stahl. Das offensichtlichste Erkennungsmerkmal an einem D/S Collar ist der Metallring, um daran mit einem Karabinerhaken eine Kette zu befestigen. Viele Subs lieben es, ihren Gehorsam zeigen zu können, wenn sie an einer Kette in einem engeren Freundeskreis vorgeführt werden, insbesondere, wenn sie dabei total unbekleidet sind.

Die Akzeptanz dieses Halsbands durch die Sub weist darauf hin, dass sie sich bereit erklärt, eine viel tiefere Beziehung mit ihrem Dom zu verfolgen, die ernsthafte Gefühle, Emotionen, Verpflichtungen, Erduldungen und Verantwortlichkeiten mit sich bringen wird oder kann. Es kann ziemlich gut mit einem Ehering gleichgesetzt werden. Wenn eine Beziehung das Stadium erreicht, in dem ein Sub-Collar angeboten wird, teilt sie anderen D/S Freunden mit, dass das Dominante und Submissive in ihrer Beziehung viel ernster geworden ist und dass sie sich aktiv miteinander verbinden und sich gegenseitig mit Überlegungen einer potenziell langfristigen Vollzeit-Beziehung anhängen.

Wenn eine Sub diese Stufe der Unterwürfigkeit erreicht, wird sie oft in strengere und striktere Bereiche der Ausbildung und Disziplin einziehen. Die Grundlagen späterer

Interaktionen basieren oft darauf, wie gut der Dom und die Sub in diesem Stadium ihre Beziehung konstruieren oder gestalten. Beide erkennen, dass sie sich gegenseitig reflektieren oder offen miteinander verbunden sind und werden aktiv daran arbeiten, dass diese Repräsentation solide und tiefgründig wird. Die meisten Dominanten und Submissiven gehen zu diesem Zeitpunkt in tiefere emotionale Stufen und können beginnen, wahre Hingabe, Liebe, Ehre und gegenseitigen Respekt auszudrücken. In vielerlei Hinsicht wird hier die Beziehung wirklich physisch, mental und emotional getestet. Dies gilt dann, insbesondere bei körperlichen Züchtigungen und belastendem Sub-Training.

Eine Sub in diesem Stadium kann mit Gefühlen von Groll, übermäßiger Verantwortung und einer Einschränkung der persönlichen Freiheit kämpfen, vor allem in Bezug auf ein oftmals schmerzhaftes Sub-Training. Dies ist eine natürliche Verschiebung von Nicht-Verpflichtung zu Verpflichtung. Beide werden feststellen, dass sie ihren Partner anstrengend testen können, um zu sehen, ob das Engagement ihres Partners solide und stark ist. Es gibt immer ein Element der Angst in der Schaffung von

Beziehungen und Unsicherheiten und Zweifeln. Sich diesen zu stellen und sie zu überwinden, ist notwendig, bevor der Dominante und die Submissive überhaupt erwägen können, ihre Beziehung mit einem besonderen Halsband vollständig auszudrücken, das oft als «Sklavenhalsband» bezeichnet wird. Mit Umlegen des Halsbandes wird die Sub durch die offenkundige Sichtbarmachung zur „Sklavin" in ihrer Beziehung. Der Collar ist das äußerste Symbol an Unterwerfung, das eine Sub tragen kann, das ihr von ihrem Dom gegeben wurde. Es ist dann das wichtigste Schmuckstück und meist einzige Kleidungsstück, das zum Beisein mit ihrem Dom getragen wird. Allein dadurch erhält das Halsband mit der Zeit den Ausdruck von Sex und Erotik, Unterwerfung und Schmerz, Wollust und Befriedigung. Eine Frau, die sich für ihren Dom vorbereitet und sein Halsband anlegt, weiß um die Bedeutung und ist sich bewusst, was kommen mag. Sie weiß, dass sie als Sklavin zu dienen und insbesondere seine sexuellen Vorlieben zu befriedigen hat.

Das feierliche Umlegen eines Halsbandes, die Collaring Ceremony, die als sichtbares Zeichen die Unterwerfung ausdrückt, kann privat in Zweisamkeit oder im Kreis von Freunden zelebriert werden.

Jennifer und Robin W., Fort Meyers, Florida.

Jennifer schrieb mir:

Robin und ich sind seit drei Jahren verheiratet und seit zwei Jahren in einer D/S Verbindung und praktizieren Domestic Discipline. Letztes Jahr überraschte mich mein Dom mit einer Einladung zu einer Kreuzfahrt von Miami in die Karibik. Am zweiten Abend, nach einem fürstlichen Dinner im besten Bordrestaurant, anlässlich unseres Hochzeitstages, sprachen wir uns in unserer Kabine aus. Mit ausgesprochen einfühlenden Worten, erklärte er mir, dass er unsere Beziehung festigen und mein Sub-Training auf neue Werte stellen möchte und fragte mich erneut, wie bei der Hochzeit, ob ich Ja sagen würde. Ich sagte Ja und er zog ein wunderschönes flaches Lederhalsband mit Metallring hervor und legte es um meinen Hals. Ich war ganz ergriffen, als er mir die Bedeutung erklärte. Er befestigte eine lange Kette, zog mich daran in die Mitte der Kabine und entkleidete mich. Ich war schon erregt, als er mich zu sich aufs Bett zog und über seine Knie legte. Es folgte das wohl ausführlichste Spanking, dass ich je erhielt und mich an Grenzen brachte. Aber danach liebte er mich, bis zur Ekstase und ich weiß nicht mehr, wie oft ich gekommen bin. Stolz trug ich daraufhin jeden Abend im Restaurant den Collar sichtbar für alle Gäste. Ein herrliches Gefühl.

Amanda und Steve S. New York.

Amanda schrieb:

Mein Dom wollte ein großes Fest. Er hatte ein Haus mit Pool auf Long Island von Freitag bis Montag gemietet. Freitagnachmittag waren wir hingefahren und hatten alle Einkäufe und Vorbereitungen gemacht. Am Samstagvormittag kamen die ersten Freunde aus unserem SM-Kreis, die wir eingeladen hatten. Insgesamt acht Paare, da das Haus acht Gästezimmer hatte. Der Lunch und das Dinner wurden von einem Catering Service geliefert und den Nachmittag tummelten wir uns am Pool. Zum Dinner erschienen alle Doms in schwarzen Anzügen und wir Subs in aufregenden sexy Kleidern. Nach dem Dinner wurde es richtig festlich, als ein Freund, der oberste Meister unseres Kreises, eine Rede hielt und mein Collaring ankündigte. Von Garry verlangte er Rücksichtnahme und Fürsorglichkeit und von mir meinen ganzen Gehorsam. Nachdem wir beide zugestimmt hatten, übergab er Garry das Halsband, welches der mir feierlich mit Kette anlegte. Danach entkleidete mich Garry und führte mich an der Kette vor unseren Freunden im Kreis. Mit mehreren Kreisen war es eine richtige Vorführung und unsere Freunde applaudierten. Als er mich zu dem aufgestellten Zuchtbock führte, wusste ich, dass es auch ernst werden würde. Er verlangte von mir nochmals meinen Gehorsam und dass ich mich über den Bock beugen sollte. Dann erhielt ich von jedem Dom einen Hieb mit einer Reitgerte auf meinen nackten Po und anschließend peitschte mich Garry. Die Tränen kamen und dann die Erlösung, als er vor allen mit seinem Glied in mich eindrang und mich hart fickte. Ich war stolz, ihm vor unseren Freunden meinen Gehorsam zeigen zu können. Es ist nicht nötig, ausführlich zu beschreiben, was danach geschah. Alle Subs wurden in dieser Nacht irgendwann zum Bock geführt. Es war eine lang anhaltende Orgie und ich war jetzt, wie alle anderen Subs keine Novizin mehr, sondern eine stolze Collar Trägerin.

Eine der beliebtesten Zeremonien beim Collaring ist die Zeremonie der Rosen.

Die Zeremonie der Rosen ist uralt mit einer reichen und wundersamen Geschichte, voller fabelhafter Symbolik und Rituale; Paare sowohl innerhalb des BDSM-Bereichs als auch von außen haben diese Zeremonie durchgeführt.

Die Zeremonie selbst ist ziemlich einfach, alles was notwendig ist, ist ...

- Der Master und die Sklavin
- Eine weiße Rose, nicht vollständig geöffnet

- Eine rote Rose, geöffnet und mit Dornen

- Eine lange Kette mit Karabinerhaken
- Eine Kerze
- Ein Halsband
- Eine Vase
- Und Zeugen
- Die Sub trägt die weiße Rose. Beide Rosen müssen frisch geschnitten sein.

Die weiße Rose stellt die Unschuld der Sklavin dar und sollte nur teilweise geöffnet werden. Die rote Rose, die der Meister trägt, repräsentiert sein Herz. Die Tatsache, dass die Rose vollständig geöffnet ist, repräsentiert die Offenheit seines Herzens und die Bereitschaft, die Sub in sein Herz zu lassen.

Der Meister wird zuerst zum Tisch gehen und seine Rose auf den Tisch vor die brennende Kerze legen. Die Sklavin nähert sich dem Tisch, um neben der Meisterin zu stehen. Die Sklavin wird dann die weiße Rose so platzieren, dass ihr Stamm die rote Rose kreuzt. Anschließend wird die Sklavin vollkommen entkleidet, um in ihrer Reinheit vor ihrem Dom zu stehen, der sie wohlgefällig betrachtet. Die Sklavin wird ihre weiße Rose und der Meister wird dann die rote Rose aufheben. Mit einem Dorn aus der roten Rose wird der Meister in den Finger der Sklavin stechen und zwei Tropfen Blut auf die weißen Blütenblätter der weißen Rose fallen lassen. Dies symbolisiert, dass der Master der Sklavin Körper und Seele nimmt. Die Sklavin bietet dann dem Meister die weiße Rose an, der den Vorgang wiederholt und zwei Tropfen seines Blutes auf die weiße Rose fallen lässt, über das Blut der Sklavin. Der erste Tropfen bedeutet, dass der Meister bereit ist, sein Blut zu vergießen, um die Sklavin zu schützen; der zweite versiegelt ihre Einheit. Der Meister und die Sklavin drücken dann ihre Finger zusammen und schwören, eins zu werden in Fleisch und Blut. Der Meister wird das Halsband nehmen und es kurz durch die Flamme der Kerzen ziehen, um es zu reinigen. Dann wendet er sich der Sklavin zu und legt ihr den Collar um den Hals. Während er dies tut, wird der Meister erklären, die Sklavin für die Ewigkeit zu beschützen und zu führen. Die anwesenden Zeugen oder Freunde nehmen dann die Länge der Kette und führen sie schnell durch die Flamme, klicken sie in den Ring des Halsbandes und übergeben das Ende an dem Meister. Jedes Glied in der Kette, über das der Meister mit seiner Hand streift, stellt einen Schritt dar, den sie gemacht haben, einen Moment, den sie teilten, einen Traum, der sich manifestiert hatte ... und sie zu diesem Zeitpunkt brachte.

Dann wird das Paar schwören, dass ihre Seelen für alle Ewigkeit zusammen gebunden sein werden. Das Paar stellt dann seine Rosen in eine einzelne Vase, später wird die Vase in ihr Zimmer gebracht und es wird ihnen als Erinnerung an den neuen Körper erhalten bleiben, den sie geformt haben, als sie die Verbindung vollenden.

Am nächsten Morgen werden sie abwechselnd die Blütenblätter beider Rosen pflücken, während sie über ihre Hoffnungen und Träume für die Zukunft sprechen, sie werden die Blütenblätter in einem Buch oder im Diary der Sub zusammenpressen. Diese Blütenblätter werden während ihres ganzen Lebens zusammengehalten und ein Teil von ihnen wird mit jedem im Tod vergraben.

Es gibt viele Variationen der Zeremonie der Rosen, also ist dies keineswegs eine absolute Referenz. Oft wird den Zeugen nach der Zeremonie mit einer kleinen Vorführung der Gehorsam der Sub gezeigt. Die Hauptstruktur der Zeremonie bleibt jedoch über die Zeit konstant.

Bekenntnis

Von vielen Menschen in unserer Gesellschaft wird das, was ein Dom mit seiner Sub macht, für unanständigsten Sex, gar perversen Sex gehalten - mag sein, dass es so ist und ich es deshalb liebe - aber, wenn die Sub gehorsam dient, um das von ihr Verlangte zu erdulden, dann ist das niemals unanständig.

Das ist Ausdruck seiner und ihrer Liebe und die ist rein. Ich weiß um die Schwierigkeiten mit dieser Neigung umgehen zu können. Eine geliebte Frau mit der Peitsche zu schlagen, dabei zugunsten der Lust und Geilheit gegen alle geltenden gesellschaftlichen Werte und Normen zu verstoßen, ist schwierig zu verstehen.

Gerade deshalb ist es wichtig, dass die Sub ihren Dom immer wieder wissen lässt, dass sie ihm diese Art der Liebe und des Lebensstils schenken möchte. Sie sollte sich dazu bekennen.

Und dies geschieht am Besten in der Form eines Bekenntnisses, einer Confession, die der Dom von seiner Sub geschenkt bekommt. Dies kann in einem gesonderten Liebesbrief oder aber mit wenigen Sätzen in ihrem Diary geschrieben werden. Dabei sollte die Sub sich frei machen von hindernden Überlegungen. Egal, was und wie sie schreibt, es wird ihren Dom erfreuen. Die Confession einer Sub in einer DD Partnerschaft kann gar nicht obszön genug sein. Schließlich zwingen uns unsere Doms, ihnen zu den obszönsten Praktiken zu dienen. Ein Bekenntnis drückt wunderschön die tiefe Bereitschaft zur Unterwerfung aus und das sollten die Frauen ihre Männer wissen lassen.

Sicherlich gibt es viele Frauen, die auch mal sehr unsanft gezwungen werden, etwas zu erdulden und damit psychologische Probleme haben. Und genau diesen möchten wir helfen und zeigen, dass sie es auch aus Liebe erdulden können.

Hier ein Beispiel für einen einfachen Liebesbeweis:

Deine Liebe ist auch meine Liebe und ich brauche deine Liebe. Deine Neigung ist auch meine Neigung und ich brauche deine Neigung, um das zu erleben, was ich mit dir erleben will. Lehre mich streng, erziehe mich streng, um deine Liebe zu erhalten. Ich liebe dich über alles!

Etwas inniger ist dieses Confession einer Leserin:

My Confession for My Master.

Mein Körper gehört Dir. Meine Gedanken gehören Dir. Meine Seele gehört Dir. Du besitzt mich. Du sorgst für mich. Du liebst mich. Du disziplinierst mich.

Du machst mich glücklich, wenn Du mich trainierst. Du machst mich glücklich mit jeden Peitschenhieb. Du machst mich glücklich, wenn du mich fickst.

Lehre mich, Dir gehorsam zu dienen. Lehre mich, unanständige Dinge zu tun. Lehre mich, deinem Verlangen zu dienen. Lehre mich, deine Züchtigungen zu erdulden. Lehre mich, dir zu außergewöhnlichen Sex zu dienen. Lehre mich, dein Eindringen in meinen Hintern zu lieben. Lehre mich, hart in meinen Hintern gefickt zu werden. Lehre mich, dir meine Tränen zu schenken. Lehre mich, für dich perfekt zu sein.

Dein kleines Mädchen bittet dich, erzogen zu werden.

Dein kleines Mädchen bittet dich, trainiert zu werden.

Dein kleines Mädchen liebt dich!

Eine Confession, die anlässlich einer Collaring Ceremony von der Sub gesprochen werden kann:

Ich akzeptiere dein Halsband als äußeres und

sichtbares Zeichen meiner tiefsten Freude: dass ich dein bin. Ich akzeptiere gerne deine Autorität und vertraue dir, dass sie mich auf dem richtigen Weg führen. Ich gelobe, dich mit all meinen Gedanken, Worten und Taten zu ehren. Ich verspreche, bei dir zu bleiben, dich zu unterstützen und deine Bedürfnisse und Wünsche zu erfüllen, so wie du es erlaubst. Du bist das Zentrum meines Universums, das Licht meines Lebens und die Liebe meines Herzens. Ich gebe dir meine Liebe, mein Herz und mich selbst, jetzt und immer.

Auch der Dom sollte bei der Zeremonie ein Bekenntnis abgeben:

Ich werde niemals die Verantwortung vergessen, die ich hier übernommen habe. Ich werde immer um dein Wohlergehen besorgt sein. Meine Entscheidungen werden dich in jeder Hinsicht beeinflussen. Dein Leben ist buchstäblich in meinen Händen und ich werde mich niemals vor dieser Verantwortung scheuen, sondern die Kraft, die du mir gegeben hast, gebrauchen. Ich werde nie nur über mich selbst nachdenken. Ich werde immer daran denken, dass du folgen wirst, wohin ich auch gehe. Ich werde dich nicht in Gefahr führen, und ich werde darauf achten, dass du in allen Dingen nach Führung und Lehre suchst. Ich verspreche, von dir zu lernen, was gut und sicher für dich ist, und bereit zu sein, so viel oder mehr zu geben, als ich von dir empfange. Die Hand des Meisters ist ein zweischneidiges Schwert. Es kann Vergnügen bereiten und es kann bestrafen. Ich werde das niemals vergessen und werde jede Facette jeder Situation berücksichtigen, bevor ich diese Macht verwende. Es wird nie im Zorn verwendet werden und wird immer gerechtfertigt sein.

Ein Rat an alle Subs:

Habe nie Angst, etwas Neues auszuprobieren, weil das Leben langweilig wird, wenn du innerhalb der Grenzen dessen bleibst, was du bereits kennst!

Gemeinsam gesetzte Regeln in der Domestic Discipline

Wir glauben, dass es die Pflicht eines Mannes ist, das verantwortliche Haushaltsoberhaupt zu sein, der eine Ordnung schafft und die notwendigen Standards und Grenzen setzt und sie durchsetzt, damit sie Frieden, Sicherheit, Harmonie und Glück im Heim gewährleisten. Als Haushaltsvorstand sollte er mit Autorität, aber auch mit Überlegung herrschen, damit im allgemeinen Meinungsverschiedenheiten, Konflikte und Probleme vermieden und unvermeidbares gelöst wird. Er sollte endgültige Entscheidungen treffen, sowie die Ordnung, Standards und Grenzen mit seiner Autorität und konsequenter Festigkeit durchsetzen, dass es keinen Zweifel gibt, dass er die Kontrolle hat und seine Pflichten als Haushaltsvorstand ernst nimmt.

Es liegt auf der Hand, dass der Ehemann als verantwortlicher Leiter nicht nur das Recht und die Autorität hat, Entscheidungen zu treffen und zu verlangen, dass man ihn respektiert und ihm gehorcht, sondern auch die Pflicht, dies zu tun. Dazu kommt auch das Recht und die Pflicht, falsches Verhalten seiner Frau zu korrigieren, ihre Einstellung anzupassen und sie für alle Arten von Ungehorsam zu bestrafen, sodass ihr Respekt und Gehorsam gewährleistet bleibt.

Von dem Moment an, in dem Sie anfangen, Ihren Domestic Discipline Lebensstil zu leben, werden Sie beginnen, die Vorteile eines strukturierten Lebensstils mit Regeln zu erkennen und spüren, wie ausgleichend es wirkt. Beide Partner werden wissen, was von Ihnen erwartet wird und zusammenarbeiten, um Ihre Beziehungsziele zu erreichen.

Aber früher oder später wird die Zeit kommen, in der eine oder mehrere Regeln gebrochen wurden und eine Strafe verhängt werden muss.

Es gibt Ehepaare, die sich auch einer gewissen Disziplin unterwerfen und die Verletzungen mit Disziplinarmaßnahmen ahnden, wie Fernsehverbot, Hausarrest, Fahrverbote, allein Essen und andere Maßnahmen.

In der Domestic Discipline werden Regelverletzungen durch die Sub mit körperlicher Züchtigung bestraft. Dies geschieht durch Spanking des nackten Hinterns der Sub mit der Hand, dem Stock, dem Lederriemen oder der Peitsche. Je nach Schwere der Regelverletzung. Spanking ist ein grundlegender Aspekt der Domestic Discipline und begünstigt ein schnelles Beilegen von Disharmonien in der Ehe.

Dies ist etwas, auf das sich die Submissive Ehefrau, die Sub, mental vorbereiten sollte, denn von diesem Punkt an wird die Ehe für immer anders sein, da Spanking die Art und Weise verändern wird und beide Partner sich vor einer großen Vielfalt gemischter Emotionen sehen.

Eine Beziehung wird nie wieder dieselbe sein, nachdem eine erste körperliche Disziplinarmaßnahme stattgefunden hat. Aber es bleibt unwidersprochen, dass die körperliche Disziplinierung am schnellsten wirkt, zur Besserung führt und die Partnerschaft ungemein festigt. Die Fau sollte immer daran denken: «Es ist besser, sein Lob zu erhalten als seinen Gürtel.»

Als Dom werden Sie sich schuldig fühlen, Sie haben gerade denjenigen verletzt, den Sie lieben, Ihre Frau zum ersten Mal weinen sehen, nachdem ein Spanking sie verstört hat. Nie zuvor haben Sie gewollt, indem Sie sie mit der Hand oder Peitsche bestrafen. Ihr ganzes Leben lang wurde gesagt, dass Sie nicht Frauen schlagen, jetzt hier haben Sie sie zu ihrem eigenen Wohl gezüchtigt. Seien Sie nicht versucht, sich zu sagen, dass es Ihnen leid tut, denn Sie haben die Entscheidung getroffen, sie zu bestrafen, nachdem sie eine der Regeln gebrochen hat, in die ihr beide eingewilligt habt. Wenn Sie Ihre Frau nicht bestraft hätten, wären Sie schwach gewesen, und das ist nicht das, wonach Ihre Frau sucht. Sie sucht einen starken DOM, der sie führt und ihr hilft, sich zu einem besseren Menschen zu machen. Außerdem werden Sie dem Drang widerstehen müssen, Ihre Arme um sie zu legen und sagen, dass Sie das nie wieder tun. Sagen Sie ihr, dass Sie sie lieben und erinnern sie daran, dass Sie getan haben, was Sie tun mussten, weil Sie sie lieben.

Sie fühlen sich auch nach dem ersten Spanking dazu ermächtigt. Es gibt nichts wie das Gefühl, Ihre Frau, die Sie lieben, Ihnen vertraut und Sie respektiert, über Ihr Knie zu legen und der Regelbruch erlaubt Ihnen, ihren Rock hoch und ihr Höschen herunterzuziehen und sie mit der Hand oder Lederriemen zu züchtigen, weil sie eine Ihrer vereinbarten Regeln gebrochen hat. Etliche Eheberater raten dazu, nicht den Fehler zu machen, ein Bestrafungs-Spanking in eine Liebesspiel-Sitzung zu verwandeln. Liebe zu machen, würde sie beide nur verwirren, denn es sei eine Bestrafung und kein Vorspiel. Dieser Meinung schließen wir uns nicht an, da es eine nicht zu leugnende Tatsache ist, dass Spanking eine erotisierende Komponente besitzt und viele Ehemänner dies sehr erregend finden. In der progressiven Domestic Discipline muss der sexuelle Faktor nicht geleugnet werden, denn er nimmt einer Bestrafung bei Regelbruch die Schärfe.

Suchen Sie aber keine Ausrede, um die Züchtigung zu wiederholen, wenn es notwendig sein sollte. Ein guter Dom ist immer fair und bestraft nur, wenn es notwendig ist und nicht wegen seines eigenen Vergnügens. Beim Aftercare, der Nachsorge, wenn Sie nach dem Spanking mit ihrer Sub zusammen sitzen, die Tränen trocken und ihr nochmals die Notwendigkeit der Bestrafung erläutern, dürfen Sie ihre Scham tröstend streicheln, sie erregen und ihre Liebe im anschließenden Liebesakt zeigen.

Ähnlich werden die Gedanken der Sub sein.

Was für eine große Veränderung in dem Leben mit dem Mann, der versprochen hat, auf sie aufzupassen, der gerade seine Hand erhoben und sie körperlich bestraft. Sie hat ihre Kindheit damit verbracht, von Prince Charming zu träumen und auf sein Schloss getragen zu werden, um glücklich zu leben und jetzt findet sie sich mit einem schmerzenden Hintern und weint. Zuerst wird sie schockiert sein und fragt sich, wie ist mir das passiert? Warum hast du dir das passieren lassen? Deine ganze Kindheit lang wurde dir beigebracht, dass Frauen und Männern gleich sind und Männer niemals Frauen schlagen sollten, was hast du zugelassen? Für dich bist du keine schwache Person, sondern eine starke moderne Frau. Aber denke daran, dass du ihm die Zustimmung gegeben hast, dich körperlich zu bestrafen. Wenn du nicht die Regeln gebrochen hättest, die du mit ihm vereinbart hast, hätte er dich nicht disziplinieren müssen. Es ist zu deinem Besten, du lernst und erreichst deine eigenen Ziele.

Sie fühlt sich auch so emotional, in Tränen ausbrechend, ohne wirklich zu wissen, warum und das Gefühl der Erleichterung, wenn plötzlich ein großes Gewicht von ihren Schultern genommen wurde, indem ihr die Schuld mit der Bestrafung vergeben und vergessen wurde. Das Leben scheint ruhiger, sie wird entspannter und konzentriert auf das, was getan werden muss. Außerdem wird sie Schuldgefühle haben, weil sie ihren Dom enttäuscht, ihn im Stich gelassen hat, ihn gezwungen, sie zu bestrafen. Sie kann die Sorge und die gemischten Gefühle in seinem Gesicht sehen. Hätte sie sich so verhalten, wie es gewünscht war, würde er nicht so fühlen.

Viele Subs werden von einem Spanking genauso erregt, das nicht nur durch die Hitze auf ihrem Hintern erzeugt wird. Was sie gerade erlebt, ist eine sehr intime Sache zwischen Mann und Frau. Behalte die sexuellen Gefühle für später, wenn dein Dom bereit ist, dich zu trösten. Spreche ihm deinen Dank für die Korrektur aus und er wird dich mit tröstenden intimen Zärtlichkeiten erregen, damit du erfährst, dass er dir verziehen hat. Dann wird es eine der intensivsten Liebessitzungen, die du jemals hattest.

Dies sind nur einige der Emotionen, die Paare nach ihrem ersten Spanking fühlen können.

Domestic Discipline Regeln sind sehr individuell bei jedem Paar. Es gibt Listen, die für ein Paar funktionieren, aber Frustration verursachen, Kommunikation und Konsistenz für ein anderes Paar zusammenbrechen lassen. Es ist nie eine gute Idee, eine Liste von Regeln zu übernehmen, die ein anderes Paar verwendet, und es in euer eigenes zu zwingen.

Erstellt gemeinsam eine Regelliste. Die Sub-Regelliste ist ein Werkzeug für die Sub, um an Ideen für sich selbst und den Anforderungen ihres Doms zu arbeiten. Sie besteht aus Zielen und Bestrebungen oder Regeln, die das Paar braucht oder will. Es ist eine sich entwickelnde Liste, in der nichts «in Stein gemeißelt» ist Die Regel-Liste ist ein wichtiger Teil von Sit Down Diskussionen, in denen gemeinsam besprochen wird, woran die Sub gerne weiterarbeiten und ihren Dom um Hilfe bitten würde.

Die Liste wird von Zielen und Bestrebungen gebildet. Sie sind einvernehmlich und werden von beiden Partnern vereinbart. Sie sind überschaubar und für Neuverhandlungen und Neudefinition während Sit Down Diskussionen offen.

Obwohl es einfach klingt, gibt es in der Realität Zeiten, in denen DD-Beziehungsregeln schwerfällig und unübersichtlich werden können. Wenn zu viele Ziele gleichzeitig bearbeitet werden, kann es verwirrend und unorganisiert werden. Zusammenarbeit ist wichtig, und wenn es keinen klaren und definierten Pfad gibt, kann dies zu einem Gefühl der Inkonsistenz in der Beziehung und zu einer Überbetonung von Korrektur anstelle von Zusammenhalt führen. Das Zusammenstellen einer Regelliste ist ein wichtiger Teil des Einverständnisses und der Stärkung der Kommunikationsfähigkeiten.

Lassen Sie Ihre Sit-Down-Diskussionstage und -zeiten festlegen. Eine Stunde pro Woche ist nicht viel, wenn Sie daran arbeiten, Ihre Beziehung zu stärken. Nach ein oder zwei Jahren einmal pro Woche könnten Regeln und etwaige Korrekturmaßnahmen in Ihrer Beziehung akzeptabel sein. Sprechen sie nicht nur über allgemeine Regeln, sondern auch offen über sexuelle Wünsche und Forderungen ihres Doms und über die Arten der Bestrafungen.

Wir betrachten Domestic Discipline als einen Lebensstil, bei dem die Sub sich gerne den Wünschen und Regeln ihres Doms unterwirft und eine körperliche Bestrafung akzeptiert, wenn sie die Regeln bricht. Dies kann zu einer sehr befriedigenden, starken Liebesbeziehung für Menschen führen, die dies genießen.

Jedes Paar sollte die Regeln und Strafen besprechen, bevor es in den DD-Lebensstil geht, und wir schlagen immer vor, dass sie ein sicheres Safe-Wort haben, um jedes Szenario, das ihre persönlichen Grenzen überschritten hat, sofort zu beenden und dies ohne zu zögern zu respektieren. Die meisten Partner brauchen nie das sichere Safe-Wort, da sie ihrem Partner ein großes Vertrauen schenken, wissend, dass er niemals etwas tun würde, was physisch oder psychisch verletzen würde.

Wenn Sie die Domestic Discipline beginnen, nehmen Sie sich Zeit, sich zusammenzusetzen und eine Liste von Regeln aufzuschreiben, die befolgt werden müssen und was es für Konsequenzen haben kann, wenn sie nicht befolgt werden.

Diese sollten keine Regeln sein, nur um Regeln zu haben, sie sollten einen Zweck erfüllen, um der Sub zu helfen, sich in einem Bereich zu verbessern, an dem Sie beide interessiert und arbeiten müssen. Überholt euch nicht mit vielen Regeln am Anfang. Mit ein paar beginnen und dann regelmäßig zusammen überprüfen. Beide Partner sollten sich über die Regeln einigen.

Wenn Sie Regeln aufgeschrieben haben, können Sie sich darauf beziehen, sodass beide Partner genau wissen, was in der Beziehung erwartet wird.

Wenn Sie Ihre Reise zur Domestic Discipline beginnen, empfehle ich Ihnen, nicht mit einer langen Liste von Regeln zu beginnen, zu viele Regeln werden Sie beide überwältigen, Sie brauchen Zeit, um sich an die neue Beziehungsdynamik anzupassen.

Unsere vier Schlüsselwörter sind: Liebe, Vertrauen, Respekt & Gehorsam.

Ein gutes Beispiel für eine Startregel ist «Kein Schimpfen oder Fluchen». Eine andere gute Idee ist «Nicht mit den Augen rollen», wenn Ihr Dom etwas fragt oder sagt, mit dem Sie nicht sofort einverstanden sind.

Mit ein paar grundlegenden Regeln zu beginnen, wird Ihnen helfen, sich in den Lebensstil zu integrieren. Machen Sie sich klar, was die Strafen sein werden, und achten Sie darauf, dass Sie sich jedes Mal daran halten, aber denken Sie auch als Dom daran, dass es kein Wettbewerb ist, um zu sehen, wie oft Sie Ihren Partner disziplinieren können.

Nach ein oder zwei Wochen besprechen Sie Ihre Gefühle und fügen Sie dann einige Regeln hinzu, wenn sie benötigt werden, aber fügen Sie keine Regeln hinzu, nur um sie hinzuzufügen.

Kleidung

Es ist wichtig, die Regeln für Kleidung und was die Sub tragen oder wichtiger noch, nicht tragen sollte, festzulegen. Jeder Dom wird unterschiedliche Meinungen darüber haben, welche Kleidung seine Sub zu welchem Anlass tragen sollte und diese Regeln sollten frühzeitig in Ihrem DD-Lebensstil vereinbart werden.

Wenn die Sub arbeiten muss, muss akzeptiert werden, dass sie Kleidung trägt, die für ihre Arbeit geeignet ist oder eine Uniform, die sie erhalten hat. Aber sobald die Sub nach Hause zurückkehrt, sollten sie in die Kleidung wechseln, die Sie vereinbart haben.

Robert N. schrieb: *Ich persönlich mag es, wenn meine Frau sich konservativ kleidet, ich bin bei der Arbeit und sie hat freie Wahl bei ihren Outfits, aber während ihrer Zeit mit mir wird sie die Art von Kleidung und Unterwäsche tragen, die ich gerne sehe. Bezüglich des Makeups haben wir das auch aufgenommen in unsere Kleiderordnung und Makeup ist erlaubt, aber abgeschwächt, während sie bei der Arbeit ist und stärker, wenn sie mit mir ist.*

Respekt

Jede Regel in der Domestic Discipline muss respektiert werden, da die Sub nicht mit Respektlosigkeit gegenüber Ihren Partnern auftreten sollte. «Respekt» ist ein wichtiger Teil Ihrer Beziehung. Die Sub muss ihren Dom mit Respekt behandeln.

Da auch Sie, als Dom, sich den Respekt verdienen müssen, können Sie nicht erwarten, dass Ihre Sub Sie respektiert, wenn Sie lügen, betrügen oder sie unfair behandeln.

Als Sub darfst du nicht unüberlegt widersprechen, deine Augen verdrehen oder deinem Dom ignorieren, wenn er spricht.

Es ist wichtig, dass Sie beide über Respekt sprechen und klar darlegen, welche Strafen aus Mangel an Respekt verhängt werden. Diese Strafen müssen konsequent sein, da die kleinsten nicht geahndeten Verstöße Schwächen zeigen und zu weiterer Respektlosigkeit führen. Als submissive Frau ist es wichtig, dass Sie auch andere mit Respekt behandeln. Machen Sie Ihren Dom stolz, schämen Sie sich nicht, wenn Sie zulassen, dass Freunde und Familie sehen, dass Sie den Wünschen Ihres Mannes gehorsam folgen. Es ist kein Zeichen von Schwäche, sondern ein Zeichen von Stärke. Seien Sie ein leuchtendes Beispiel dafür, was der führende Domestic Discipline Lebensstil ist.

Aber lassen Sie sich nicht von anderen ausnutzen, Sie sind nur einer Person gegenüber rechenschaftspflichtig, und das ist Ihr Dom. Es wird Zeiten geben, in denen andere, die sehen, wie Sie Ihrem Ehemann gehorchen, denken werden, dass Sie auch ihnen gehorchen werden. Erinnere sie höflich daran, dass sie nicht der Ehemann und sonst niemand sind.

Aufgaben

Aufgaben im Haus sollten zu Beginn Ihrer DD-Beziehung gemeinsam besprochen werden, Sie sollten gemeinsam entscheiden, wer welche Aufgaben rund um das Haus übernehmen wird. Im Allgemeinen ist es der Platz der Frau, alle Innenarbeiten wie Kochen, Putzen, Wäsche usw. zu erledigen. Der Dom wird dann zu Outdoor- und Heimwerkerarbeiten, Haus und Finanzen verantwortlich sein.

Sobald die Jobs vereinbart wurden, ist es am besten, eine schriftliche Liste Ihrer Jobs wöchentlich zu erstellen, sodass Sie sie beim Ausfüllen ankreuzen können. Alle Jobs der Sub sollten für sie wichtig sein, egal wie groß oder klein. Sie möchte doch, dass der Dom mit ihr zufrieden ist.

Wenn sie ihre Jobs ignoriert, um fernzusehen, Zeit am Computer verbringt oder mit Freundinnen stundenlang am Telefon spricht, sollte die Sub auf Strafen vorbereitet sein. Es gibt niemals eine Entschuldigung für Faulheit und muss vom Dom sofort korrigieren werden.

Einem Dom würde ich vorschlagen, dass er

niemals vernachlässigte oder nicht gemachte Arbeit ungestraft lassen darf, da sie nur zu mehr Faulheit ermutigt.

Seien Sie standhaft mit ihren Strafen und vollziehen Sie sie, egal wie viele Versprechungen gemacht werden. Spanking und anschließende Eckzeit ist sehr wirkungsvoll. Nach einem Spanking nackt mit roten Po in der Ecke stehen, wirkt sehr erzieherisch. Sollte es dabei Widerspruch geben, so ist diese Respektlosigkeit mit einer Erweiterung des Spankings mit dem Riemen oder Peitsche und erneuter Eckzeit zu ahnden.

Anrede

Dave N. schrieb: *Meine Frau benutzt meinen Vornamen in normalen Zeiten, und während ich in der Gesellschaft bin, bestehe ich darauf, dass sie meinen vollständigen Namen und nicht die verkürzte Version benutzt, da ich denke, dass das ein guter Weg ist, ihren Respekt für mich zu zeigen. Auch wenn wir mit Freunden und Familie zusammen sind, verursacht das keine unnötige Verlegenheit.*

Wenn sie eine Regel bricht und korrigiert werden muss, dann muss sie mich Sir nennen, und dies muss für die gesamte Dauer der Bestrafung fortgesetzt werden. Wenn Sie dies nicht tut, wird das nur zu einem zusätzlichen Spanking führen, da ich es als Respektlosigkeit sehe.

Während unserer Spielzeit und Sub-Training, das unsere besondere Zeit ist, wird sie mich Meister nennen, sobald wir alleine sind.

Alkohol

Eine Frau sollte niemals Alkohol trinken, wenn ihr Ehemann nicht anwesend ist, es sei denn, es ist ein besonderer Anlass und er hat ihr die Erlaubnis gegeben, dann sollte sie nur in Maßen und niemals zu viel trinken. Ein Glas Wein mit einer Mahlzeit ist in Ordnung.

Eine Sub sollte immer daran denken, dass übermäßiges Trinken zu peinlichem Verhalten führt und sie sich untypisch verhält.

Die Strafen, die ich vorschlagen würde, sind diese:

Ausgehen für ein Getränk ohne Erlaubnis, Hand Spanking und Hausarrest für 3 Tage mit zusätzlichen Hausaufgaben, um sie für die drei Tage beschäftigt zu halten.

Übermäßiges Trinken und Peinlichkeiten für den Mann - mindestens sechs Hiebe mit einem Rohrstock oder Lederriemen, den der Ehemann bevorzugt. Ist abhängig von der Stufe der Peinlichkeit. Hausarrest für eine Woche mit Wegfall aller Privilegien und extra langweilige Aufgaben, um Sie beschäftigt zu halten.

Übermäßiges Trinken, offensichtliche Peinlichkeit für den Mann und Übelkeit während des Abends oder am nächsten Tag - Für dieses Ausmaß der Vergiftung würde ich ein tägliches Spanking für mindestens eine Woche vorschlagen, zusammen mit einer Stunde Eckzeit pro Tag, Entfernung aller Privilegien für einen Monat und viele zusätzliche häusliche Pflichten.

Geld

Dave N. schrieb dazu: *Meine Frau bekommt jede Woche eine persönliche Zulage, die sie frei für alles ausgeben kann, was sie will, oder sie für größere Gegenstände spart, es ist ihr persönliches Geld und sie muss es nicht verrechnen.*

Dann bekommt sie Familien-Geld für Essen, Kleidung, Haushalt usw., dass sie weise ausgeben muss.

Als Nächstes hat sie rund um die Uhr Zugang zu unserem Bankkonto, das das enthält, was wir regnerisches Tagesgeld nennen, um Notfälle zu decken, sollte das Auto versagen oder auf eine andere Krise stoßen, die Notfallmittel benötigt.

Ansonsten darf sie nichts von diesem Geld ausgeben und es wird ihr vertraut, dass sie nicht durch neue Schuhe, Kleidung usw. verführt wird.

Sie weiß genau, was die Bestrafung für Überausgaben ist, und es gibt nie eine Chance, davon zu kommen.

Teil 1: Sie wird für die Überausgaben gezüchtigt, mit mindestens zehn harten Handschlägen auf ihrem nackten Hintern, gefolgt von einer Stunde Eckzeit und dann wird sie vor mir knien, während ich ihr erkläre, warum das Einhalten des

Bugets wichtig ist.

Teil 2: Sie wird dann am nächsten Freitagabend für jeden Dollar, den sie zu viel ausgegeben hat, einen Hieb mit der Gerte erhalten, wenn das bis $ 20 ist. Ist der Betrag höher, werden ihr den folgenden Freitag die restlichen Hiebe verabreicht, bis wir die Summe erreichen.

Ich kann Ihnen versichern, dass dies eine sehr effektive Bestrafung ist und es immer eine lange Zeit dauert, bis sie das nächste Mal vergisst ihr Limit einzuhalten.

Eine Sub sollte immer daran denken, dass eine Bestrafung für einen Regelbruch durch Spanking nur eine Bestrafung zur hilfreichen Korrektur eines Fehlverhaltens ist. Auch kann sich beim Spanking ausgesprochen werden. Ein Regel-Diziplinierung ist nicht gleich zu setzen mit einem ausgedehnten Maintenance-Spanking oder einem Sub-Training mit Lederriemen oder Peitsche, da hierbei der Gehorsam der Sub geprüft werden soll, inwieweit sie zu besonderen und außergewöhnlichen sexuellen Praktiken bereit ist zu dienen.

Spanking

Doch zunächst etwas Grundsätzliches zum Spanking.

Es gibt eine Vielzahl von Strafen, die innerhalb einer DD Partnerschaft zur Korrektur des Verhaltens der Frau verwendet werden sollen - ein Ausgehverbot, Aufgaben zu schreiben, Putzdienste, Kreditkarte einziehen, in der Ecke stehen und mehr. Einer der häufigsten und meistens ausgeführten Disziplinierungen ist das Spanking der submissiven Frau, der Sub, durch ihren dominanten Partner, dem Dom.

Spankings sind schmerzhafte Schläge auf den nackten Po der Sub mit der Hand oder mit Züchtigungsinstrumenten, wie Stock, Lederriemen oder Peitsche, die intensiv genug sind, um als große Abschreckung zu dienen und dennoch keine dauerhaften Schäden verursachen. Sie sind signifikant genug, um zum Punkt zu kommen und wirksam genug, um eine schnelle Wiederherstellung der Ruhe zu erreichen. Schmerzhafte körperliche Züchtigungen sind deshalb so beliebt, weil sie wirken!

Sobald der Dom festgestellt hat, dass seine Sub eine Tracht Prügel verdient hat, ist es die wichtigste Aufgabe für den Dom, die Sache in der Hand zu halten und seine Partnerin in die richtige Einstellung zur Konsequenz zu bringen.

Das Ziel für den Dom muss sein, ruhig, zielstrebig und entschlossen bei einem Vergehen über eine Bestrafung zu entscheiden. Er sollte niemals seiner Sub ein Spanking verabreichen, wenn er wütend oder verärgert ist. Wenn er sich zu einer notwendigen Züchtigung entschieden hat, ist es wichtig, dass er nicht zulässt, seine Entscheidung rechtfertigen zu müssen, aber in einer vorherigen Aussprache der Sub ihr Fehlverhalten aufzeigt.

Sein Ziel muss es sein, dass seine Sub reflektierend und reumütig sein kann, um während der Bestrafung Einsicht zu erlangen. Die Aussprache kann bedeuten, dass vor einer Disziplinierung die Sub mit Blick auf den Boden in der Ecke des Schlafzimmers ruhig reflektieren soll, warum sie eine Regel brach. Nach etwa 10 Minuten soll sie ruhig erklärt bekommen, warum sie im Begriff ist, bestraft zu werden. Wenn der Dom eine widersprechende oder abweisend Antwort erhält, sollte er der Sub noch einmal unmissverständlich die Gründe klar machen, warum sie jetzt erst recht eine körperliche Züchtigung erhalten wird. Dann sollte er sie auffordern Rock und

Unterwäsche abzulegen und mit entblößten Po für weitere 10 Minuten in der Ecke zu stehen, um die Gründe einwirken zu lassen. Aber spätestens danach, sollte er sie zu der Stelle führen, wo sie die Strafe erhalten wird.

Üblicherweise setzt sich der Dom aufs Bett oder einen Stuhl und befiehlt seiner Sub sich über seine Knie zu legen. Es ist die in der Regel klassische *Over-the-Knee-Position, OTK,* die auch von uns empfohlen wird, wo der Dom seine Sub über seinen Schoß drapieren kann. Diese Position ist sehr zu empfehlen, da der nackte Po der Sub in der perfekten Position platziert ist und es dem Dom auch erlaubt, sie in Position zu halten, wenn die Schläge beginnen. Der Dom sollte diese Gelegenheit nutzen, nochmal über die Bedeutung der Bestrafung zu sprechen, warum die bevorstehende schmerzhafte Strafe verdient und gerecht ist und dann konsequent beginnen zu schlagen.

Jeder Mensch ist anders und hat eine andere Ebene der Schmerztoleranz. Einige Frauen können kaum ein paar feste Klapse auf dem Po überstehen, während andere harte Hiebe mit dem Stock oder Peitsche benötigen, um zur Einsicht zu gelangen.

Im Laufe der Zeit wird der Dom ein Gefühl dafür entwickeln, was für seine Sub wirksam ist - aber bis zu diesem Punkt, empfehlen wir eine progressive Steigerung der Intensität und Schlaganzahl, die allmählich zunimmt. Je nach der Schmerztoleranz, könnte es Zeit sein, das Spanking zu beenden oder aber sogar notwendig sein, mit einem wirksameren Schlaginstrument, zum Beispiel einer Reitgerte, die Züchtigung mit mehr Intensität fortzusetzen.

Das Ziel ist es, das Spanking fortzusetzen, bis der Dom sicher sein kann, dass die Sub die Lektion gelernt hat und dass es unwahrscheinlich ist, dass sich ihr Verhalten wiederholt. Auch wenn die Sub noch so herumschreit, strampelt und weint, sollte er sie zwischen den Hieben öfter fragen, ob sie jetzt zur Einsicht gelangt ist. Trotz der emotionalen Aufgebrachtheit einer Sub bei Erhalt heftiger Hiebe, sollte ein Dom auf eine klar verständliche Antwort bestehen.

Die einfachste Art zu spanken, ist mit der flachen Hand. Gleichmäßig verteilt und abwechselnd auf die rechte und linke Pobacke. Die Schläge können mit der Zeit intensiviert und härter werden und können nach und nach eine zarte Rötung der Haut sichtbar werden lassen. Dann ist eine Sub richtig aufgewärmt, wie es heißt. Ihr Po ist besser durchblutet und kann dadurch die dann folgenden strikteren und härteren Schläge gut vertragen.

Zur Steigerung der Bestrafung wird in der Regel auf ein Züchtigungsinstrument zurückgegriffen.

Wirksame Züchtigungsinstrumente sind der Paddel, eine lederne Klatsche, die Tawse, ein lederner Riemen, ein Hosengürtel. Diese Instrumente eignen sich hervorragend für ein eindrucksvolles Spanking und sind schnell bei der Hand oder können auf Reisen mitgenommen werden. Sie eignen sich speziell für ein ausgedehntes OTK Spanking.

Diverse Peitschen, darunter die Horse Crop, die Reitgerte, die Singletail-Peitsche (mit einem Riemen) oder das Martinet, der Flogger (mehrriemige Peitschen) und lange Pferdepeitschen und Bullwhips eignen sich hervorragend zu eindrucksvollen Züchtigungen mit nachhaltigen Wirkungen.

Allerdings sollte die Sub dabei gebeugt stehen, über eine Stuhllehne gebeugt, auf allen Vieren auf dem Boden knien oder aufrecht stehend an Seilen fixiert sein. Ist sie auf dem Bauch liegend auf dem Bett fixiert, so empfiehl es sich, sehr dicke Kissen oder Polster unter den Unterleib der Sub zu schieben, damit ihr Po exponiert platziert ist, um dem Dom das Peitschen zu erleichtern.

Zunächst verspürt die Sub Schmerzen, dann irgendwann keine mehr, wenn die

Wirkung der Endorphine voll durchschlägt, obwohl sie weiter hart gezüchtigt wird. Wir wissen aus etlichen Gesprächen in den Beratungen mit Ehepaaren, die die fortschrittliche Domestic Discipline praktizieren, dass die Sub's alle gelernt haben, die überglücklichen Momente eines Opiat-Kiks bei harten Bestrafungen zu lieben und herbei zu sehnen - um danach einen unbeschreiblichen Orgasmus zu erleben.

Körperliche Züchtigungen zu erotisieren ist wichtig. Es gelingt dann zum Beispiel viel leichter eine Erregungskurve zu erklimmen. Eine körperliche Disziplinierung ist ein Abenteuer mit Körper, Psyche und Geist, wie es Paare, die in einer sogenannten Vanilla Ehe leben nur selten erleben.

Dazu braucht es Schmerz, der wirklich Schmerz ist, Machtlosigkeit, die möglichst *echt* gespürt werden will. Eine Sub muss immer mal wieder die Grenzen des Erträglichen spüren, weil sie sich dort erleben und erfahren kann. Das Ende allen Widerstands, totales Loslassen, in vollkommener Hingabe an allem, was geschieht, auch wenn der Ehemann Gehorsam bei ausgefallenen und sehr belastenden sexuellen Praktiken fordert - und damit ein ekstatisches Dasein in reiner Resonanz zu den Schlägen erreicht. Es ist ein Öffnen sämtlicher Schleusen, fließender Tränen, manchmal heftiges Weinen. Dann fühlt sie die große Dankbarkeit und Liebe für einen Ehemann, der ihr dieses Erleben ermöglicht und der sie fürsorglich bei der dunklen Lust zärtlich begleitet.

Maintenance

Disziplinierung in DD-Partnerschaften ist die Korrektur von schlechten Verhaltensweisen, die während eines Zeitraums des Zusammenlebens der Partner auftreten. In den meisten Fällen findet eine Bestrafung für Versäumnisse oder Vergehen gegen die Regeln der Partnerschaft statt. DD-Partnerschaften verwenden dazu ein schmerzhaftes Spanking, in der Regel für schwere Vergehen, wie die *Four D's* (Ungehorsam, Respektlosigkeit, Unehrlichkeit oder gefährliche Entscheidungen).

Bei der progressiven Auslegung der DD-Regeln werden damit auch Vergehen gegen sexuelle Regeln verbunden.

Wenn eine Sub (die submissive Frau) seit einiger Zeit nicht bestraft worden ist, kann die Erinnerung an das schmerzhafte Spanking, dass sie wegen ihres schlechten Benehmens erhielt, beginnen zu verblassen und die Haltung der Sub kann sich zum Schlechteren ändern. Einzig und allein, um die Erinnerung aufrecht zu halten, dass sie bei Vergehen diszipliniert werden kann, sollte eine Sub ein besonderes Spanking erhalten, das allgemein als Maintenance-Spanking bezeichnet wird.

Die meisten Spankings in DD-Beziehungen sind diese sogenannten Maintenance-Spankings - das bedeutet, Spankings, die nicht durch ein bestimmtes Fehlverhalten motiviert sind, sondern eher eine allgemeine Disziplinierung zum Stressabbau sind. Wartungsspankings, sogenannte Maintenances werden vollzogen, um die Fortsetzung des geeigneten Verhaltens zu gewährleisten und Partnerschaften stressfrei und respektvoll zu halten. Dazu bedarf es keines ausdrücklichen Grundes, geschweige denn Rechtfertigung des HOH's (Head of the Home), des Dom's, des dominanten Mannes. Die Erfolgsaussichten eines Maintenance Spankings sind sicherer als disziplinäre Spankings, weil sie einfach gegeben werden können, wenn der HOH/Dom sie für notwendig hält und kein Urteil über Schuld oder Teilschuld erforderlich ist. Mit einem regelmäßigen sogenannten Maintenance wird sie daran erinnert, wie schmerzhaft Bestrafung sein kann und dass sie jederzeit verpflichtet ist, entsprechend zu handeln.

Wartungs(Maintenance)-Spankings bestehen in der Regel aus zwei oder drei Dutzend kraftvollen Hieben (Swats) auf Sub's nackten Po, die der Dom mit der bloßen Hand zum Aufwärmen ausführt, um die Gesäßteile kräftig zu durchbluten. Nach dem Aufwärmen beginnt das Wartungs-Spanking, das Maintenance, in Form von zwei, vier oder sechs Dutzend Swats auf Sub's nackten Po mit dem Stock, dem Lederriemen oder der Peitsche. Die Gesamtzahl der Spankings für Aufwärmen und Wartung liegt im alleinigen Ermessen des HOH. Dies sollte mit einer ruhigen Diskussion, wie man auf dem richtigen Weg bleibt, während des Vorwärm-Spankings mit klar und offen definierten Sätzen der Erwartungen, insbesondere der sexuellen Erwartungen begonnen werden. Auf ein in der Regel sehr heftiges Maintenance sollte eine beruhigende Periode mit tröstenden, aber auch bestätigenden Worten des HOH folgen, indem er seiner Sub erläutert, wie mit einem regelmäßigen Maintenance die Aufrechterhaltung und die Beibehaltung ihrer submissiven Haltung, und die Pflege und Kultivierung ihrer Hingabe, herausgearbeitet werden kann. Das Ziel dieses Prozesses beim Maintenance ist es nicht allein, die Sub schmerzhaft zu bestrafen, sondern es soll vielmehr Orientierung, Coaching und Lernmöglichkeiten sowohl für die Sub als auch den HOH bieten.

Aus unserer Erfahrung ist die Sub, wenn sie diese Art von Disziplin empfängt, bescheidener und ihre Haltung ist deutlich verbessert. Ob man als HOH/Dom entscheidet, diese auf monatliche oder wöchentliche Regelmäßigkeit auszuführen, sei abhängig vom Stand des Trainings der Sub. Wir haben auf Grundlage von etlichen Berichten aus DD-Partnerschaften festgestellt, dass ein wöchentliches Maintenance, wenn kein besonderer Grund zu einer umfassenden Bestrafung besteht, am besten einer Sub zu ihrer Entwicklung hilft.

Entscheiden Sie, ob Sie die Wartungsdisziplin in ihrer Partnerschaft verwenden. Maintenance wird von der überwältigenden Mehrheit der Paare in der Domestic Discipline mit zufriedenstellenden Ergebnissen verwendet. Egal, ob sich ein Paar gemeinsam zu dieser Art Disziplinierung entscheidet oder der HOH selbst die Notwendigkeit für gegeben hält, der HOH sollte sich zur Aufrechterhaltung seiner Autorität niemals rechtfertigen, sondern ein richtiges Maintenance unbegründet, konsequent und mit der notwendigen Härte ausführen, dass die Sub an ihre Grenzen und auch zu Tränen führt.

Das hier vermittelte progressive DD soll dabei auch die notwendige sexuelle Spannung zwischen den Partnern aufrechterhalten.

Eine Frau schrieb mir: «Mein Partner sagt mir auch, dass ich nach einem Maintenance-Spanking besonders schön bin, und ich fühle mich auch so. Vielleicht ist es eine sich selbst erfüllende Prophezeiung - denn ich fühle mich schöner, entspannter und gepflegter, ich strahle diese innere Schönheit anderen gegenüber aus. Nach dem Spanking ist mir bewusst, dass ich mich körperlich anmutiger fühle. Meine Körperhaltung und Bewegungen werden flüssiger und eleganter. Ich neige dazu, weiche, feminine Kleidung auszuwählen. Ich laufe und rede leiser, ich gehe leiser. Und ich lache und lächle leichter nach einem Spanking. Kurz gesagt, ich bin femininer. Ein wunder Po ist dann eine kleine Erinnerung an die sexuelle Energie. Das Gefühl, dass Schmerzen mich dazu veranlassen, meinen Partner mehr zu dienen, lässt mich wiederum leichter auf ihn sexuell ansprechen und zu reagieren, was wiederum uns beiden einen besseren Sex gibt».

Wenn die Ehefrau als wohlerzogene Sub ein Maintenance-Spankings empfängt, erlebt sie die unverdünnte weibliche Energie der Unterwerfung. Zugleich lässt das Maintenance-Spanking sie dankbar die unverdünnte männliche Energie der Herrschaft und Dominanz empfangen. Diese beiden Energien bilden die sexuelle Spannung zwischen den Geschlechtern.

«Für mich ist Spanking der faszinierendste und mächtigste Teil von DD», schrieb uns eine Leserin, «seine paradoxe Fähigkeit, dass, wenn ich einen wunden Po habe, ich mich mehr fraulich und unterwürfig fühle und mehr zuversichtlich sein kann und fähig bin, durch die Erfahrung der Unterwerfung leichter sexuelle Befriedigung zu erlangen. Indem ich mich aufgebe, kann ich kommen».

Es wird immer ein Unterschied zwischen einem erotischen Spanking und einem disziplinären gemacht, aber diesen Unterschied gibt es nicht in der Realität. Beide haben starke sexuelle Energie assoziiert, die nicht geleugnet werden können. Wir können alles, was wir wollen, rationalisieren, aber dass wir Frauen während eines Spanking uns erregen und feucht werden, ist nur deshalb, weil wir die Herrschaft unseres Mannes körperlich auf unserem Po fühlen und nicht wegen der Strafe. Noch vor einiger Zeit berichtete mir die Mutter einer Braut, dass sie ihrem Schwiegersohn empfahl, ihrer Tochter wenigstens einmal vor dem Ende der Flitterwochen den Hintern zu verprügeln. Die Tochter antwortete ihr, dass ihr Mann schon darauf geachtet hätte. Dies sei ein Grund, warum sie ihn heirate und so sexy fände!

Alle diejenigen, die meine früheren Artikel gelesen haben, wissen, dass die tiefe Anziehungskraft und weite Verbreitung von DD darin begründet ist, dass DD in erster Linie eine mächtige, rituelle Methode ist, die die innere weibliche Energie der Frau mit der inneren männlichen Energie des dominanten Partners verbindet. Diese ursprüngliche feminine-maskuline Bindung ist von Natur aus grundsätzlich sexuell. Viele Frauen haben Träume von dominanten Partnern, träumen auch von sexueller Unterwerfung und befriedigen sich bei diesen Gedanken.

DD-Partnerschaften ermöglichen ihnen, sie wahrhaft erleben zu können. Wir sind sexuelle Kreaturen und was auch immer andere zivilisierte Entwicklungen brachten, die wir über die vergangenen Jahrtausende hinweg hatten, durch die Tatsache, dass Mutter Natur uns zum Reproduzieren bringen will, und uns dazu motiviert, haben wir mächtige sexuelle Urwünsche, die geweckt werden. Der Sexakt - eine Handlung, die für die Zwecke der Konzeption uns praktisch in die ursprünglichen archetypischen Geschlechterrollen zwingt, zeigt die Tatsache: das männliche Geben, das weibliche Empfangen. So kann man daraus auch den entstehenden Wunsch vieler Frauen und Männer erkennen, eine Ehe auf der Basis der Domestic Discipline zu führen.

Der Mann gibt die Richtung vor, die Frau folgt ihm. Der Mann gibt Schläge, um Fehler zu korrigieren, die Frau empfängt Schläge, um ihr Verhalten zu korrigieren.

Zur Einführung in dieses für uns sehr

wichtige Thema möchte ich den Leserbrief einer begeisterten Leserin hier abdrucken:

«Ich bin eine fünfzigjährige Frau aus Frankreich. Ich lebe in den USA seit zehn Jahren in einer DD-Ehe. Ich erhalte nur ein Wartungs-Spanking pro Monat, aber wirklich schwer. Ich bin nackt im Schlafzimmer, gebeugt, Beine auseinander, mein Po wie ein Ziel. Kein Aufwärmen, ich spüre den Gürtel, das französische Martinet, und wenn ich nicht schweige, ist es der Stock und eine Stunde Eckzeit. Ich bin oft vor ein paar Freunden bestraft worden, die wie wir in DD sind. Ich bin gedemütigt, meinen roten Po anderen Paaren zu zeigen, und wenn der Schmerz zu tief ist und ich weine, ist es eine Schande für mich anschließend in der Ecke zu stehen. Aber ich bin glücklich, ja. Die Erfahrung, von meinem Partner zu Hause und auch vor befreundeten Paaren gezüchtigt, das heißt körperlich und psychologisch dominiert zu werden, ermutigt meine unterwürfige Seite alle Tage, an die Oberfläche zu kommen. Und wenn ich einen wunden Po habe, kann ich mich bemühen, mehr respektvoll zu handeln und zu lieben, nicht nur zu meinem Partner, sondern auch zu den anderen Menschen in meinem Leben. Und weil ein Spanking auch ein effektiver Stressabbau ist, veranlasst ein gründliches Wartungs-Spanking bei mir ein Gefühl von ruhiger, friedlicher Energie. Ich bin gelassener und schneller bereit zu vergeben. Kurz gesagt, ich bin aufgeschlossener und mein Mann kann mich viel leichter befriedigen.»

Was ist zu tun bei einem Maintenance-Spanking?

Zur erhöhenden sexuellen Stimulanz, sollte der Dom seiner Sub überraschend mitteilen, dass er ein Maintenance für notwendig erachtet. Die Sub, durch frühere Maintenance sensibilisiert, wird sich urplötzlich der gesamten Konsequenz bewusst werden. In jedem Fall sollte der Dom sie auffordern, sich sofort und ohne zu zögern nackt auszuziehen. Sollte es durch die Ankündigung schon zu Tränen kommen und zögerliche Folgsamkeit sichtbar werden, sollten ein paar Hiebe mit der Reitgerte der noch bekleideten Sub die Notwendigkeit aufzeigen, zu gehorchen.

Der Dom sollte sodann seine Sub unmissverständlich auffordern, sich nackt auf seinen Schoß zu setzen und er sollte sie einfühlsam aufklären, dass er entschieden habe, dass sie jetzt ein Maintenance erhalten wird und er es auch unumkehrbar durchziehen wird. Es ist gut, wenn der Dom seine Sub wissen lässt, dass er jetzt keine Antworten und Fragen von ihr zulassen wird und es ihre Pflicht ist zu schweigen.

Es ist von erzieherischen Wert die Spannung zu erhöhen, indem der Dom ihr offen erklärt, dass es schmerzhaft werden wird. Es ist auch gut, durch zärtliches Kneten ihrer Brüste und befingern ihrer Spalte, der Sub die sexuelle Dimension des Maintenance zu zeigen. Gegebenenfalls kann er ihr den Ablauf erklären und mit welchen Schlaginstrumenten er sie züchtigen wird.

Ist sich die Sub über das auf sie Zukommende bewusst, kann er entscheiden, ob eine Fixierung mit Ketten oder Riemen notwendig oder sie gegebenenfalls auf ein Züchtigungsgestell, einen Zuchtbock, geschnallt werden muss. Allerdings verzichten die wenigsten der Dom's auf eine Fixierung der Sub bei einem ernsthaften Maintenance, da sie auch die Fixierung für ein förderliches Erziehungsmittel halten. Aus Rücksicht auf die Sub empfehlen auch wir ausdrücklich die Fixierung einer Sub, da sie bei sehr schmerzhaften und andauernden Schlägen zum Ausbrechen neigt und folgende Schläge empfindlichere und ungeeignete Körperteile treffen könnten. Fixierung oder Festbinden der Sub dienen also auch zu einem erheblichen Maß dazu, die Sub vor verletzenden Hieben zu schützen. Ein wirklich ernsthaftes Maintenance und es sollte immer ernsthaft sein, gehört zweifelsfrei zu einem festen Bestandteil eines konsequenten Subtrainings.

Das Ziel eines Doms sollte vorzugsweise ein konzentriertes Setzen der Hiebe auf die

Oberfläche der Po-Region und gegebenenfalls noch dem oberen Teil der Schenkel sein. Hiebe auf die darüber liegende Rückenpartie, dem Lagepunkt der Nieren muss dabei vermieden werden. Durch weites Spreizen der fixierten Beine und Schenkel entsteht eine Entlastung des Schenkel-Muskelbereichs und ermöglicht der Sub, mehr wirksame Hiebe zu ertragen und der Dom kann das Maintenance befriedigend ausdehnen.

Auch lässt diese gespreizte Fixierung schmerzhafte Hiebe auf den Schambereich zu, die eine nicht zu unterschätzende Zahl von Subs schneller in den Sub-Space und damit zur vollkommen Befriedigung führt. Die generell kraftvoll ausgeführten Hiebe sollten vom Dom rhythmisch gleichmäßig mit den benutzten Züchtigungsinstrumenten ausgeführt werden. In Pausen sollte der Dom sanft über die Pobacken und die Schamlippen streichen, um danach die Züchtigung mit unverminderter Härte fortzusetzen.

Wie wir von vielen Paaren erfahren haben, ist ein finales Züchtigen bei einem Maintenance auch mit einer Reitpeitsche weit verbreitet und erfreut sich steigender Beliebtheit. Zum Auspeitschen empfehlen wir Singletails oder relativ kurze Bullwhips. Auspeitschen einer Sub bei einem Maintenance führt zu den eindrucksvollsten Empfindungen und ausdauerndsten Erinnerungen, die ein Dom einer Sub verinnerlichen kann und sollte nur von wirklich erfahrenen Doms praktizieren werden.

Mit der optisch sichtbaren rötlichen Zeichnung ist das Ziel eines Maintenance erreicht und hat der Sub genügend Erkenntnis zur Besserung ihres Verhaltens gebracht. Noch fixiert, sollte der Dom schweigend mit einer geeigneten kühlenden Salbe die gezeichneten Stellen einreiben. Immer noch schweigend sollte der spätestens jetzt nackte Dom die sicherlich weinende Sub aus ihrer Fixierung befreien. Vielen Doms gibt eine sofortige anschließende anale Penetration des gezeichneten Hinterns, die höchste Form der Befriedigung und sie sehen darin zugleich für die Sub einen erzieherischen Abschluss des Subtrainings.

Nach dem Maintenance ist ein Aftercare für den Dom eine Pflicht, um seine Sub von belastenden Emotionen aufzufangen.

Zum absolut notwendigen Aftercare trägt der Dom seine Sub zum Bett oder zu einem Sessel, lässt die Sub auf seinem Schoß sitzen, um jetzt zärtlich, tröstend und ausführlich mit ihr über die von ihm erhaltenen notwendigen Schläge zu sprechen. Dabei soll er sie lobend wissen lassen, wie stolz er auf seine

Sub sei und wie froh er sei, ihr mit seinen Schlägen den Weg zu einer zukünftigen harmonischen Partnerschaft aufgezeigt zu haben.

Der Dom sollte dabei seiner Sub mit liebevoller Rücksichtnahme immer wieder zu Bewusstsein führen, das er gezwungen war, ihr mit schmerzhaften Hieben beizubringen, dass sie ihr Verhalten ändern muss und sie nicht in die Sorglosigkeit und Respektlosigkeit gegen ihren HOH gerät.

Seine ganze Fürsorge zeigt sich, wenn er sagt, wie er sie über alle Maßen liebt und diese disziplinierende Korrektur aus reiner Liebe zu ihr geschehen musste. Auch wenn es manchmal in dieser emotional hochgradig erregten Situation schwierig ist, da die Tränen der Sub noch fließen, sie von weiteren Weinkrämpfen erfasst wird und deren Po brennt, sollte der Dom verlangen, dass sie sich bei ihm für die schmerzhafte Neuausrichtung in eine neue glückliche Zukunft bedankt.

Dies ist insofern der wichtigste Aspekt bei einem Aftercare nach einem konsequenten Maintenance, da es die Sub von den Schmerzen ablenkt und sie die Notwendigkeit einer Neuausrichtung durch Peitschenhiebe erkennen lässt.

Wir, von der Redaktion behandeln diesen Absatz des Danksagens mit besonderer

Aufmerksamkeit und Ausführlichkeit, weil wir von vielen Paaren wissen, wie wichtig dieser Ausdruck des Dankes der Sub an ihrem Dom für den Fortbestand der Partnerschaft ist. Der laut ausgesprochene Dank der Sub an ihren Dom für eine Züchtigung bei einem ausgedehnten Maintenance zeigt, dass sie die Notwendigkeit erkannt hat und die Disziplinierung für gerecht hält. Eine Sub, die weinend, zitternd und kauernd auf dem Schoß ihres Doms sitzt, überrascht von der Heftigkeit der Züchtigung, ist meistens kurz nach einem äußerst harten Maintenance nicht in der Lage, klare Worte zu fassen.

Hier ist es die Aufgabe eines fürsorglichen Doms, seine Sub mit einfühlsamen, aber wiederholenden Sätzen aufzufordern, dass sie ihm ihre Liebe zu ihm mit einem klar und verständlichen Satz der Dankbarkeit für die erfolgte Auspeitschung bestätigt. Er sollte ihr rücksichtsvoll Zeit geben, aber immer wieder verlangen, dass sie ihm ihren Dank laut und hörbar kundtut. Hinweise, dass eine weitere Auspeitschung heftiger werden könnte, wenn sie jetzt nicht seiner liebevollen Hilfestellung folgt, hilft meistens.

Heftiges Schluchzen oder gar ein kurzzeitiger emotionaler Zusammenbruch sollten vom Dom nachsichtig aufgefangen werden und mit tröstenden Worten hilfreich begleitet werden. Gerade Subs neigen dazu, intensivere Gefühle zu entwickeln, je mehr und je intensiver das Maintenance ist, denn sie geben viel mehr als Doms bei diesem Spiel. Ist die Sub recht spielerfahren und eine sehr gefestigte Person, mögen die Gefahren geringer sein.

Nach einem verlangten mehrmalige Aussprechen eines Dankes für erhaltene schmerzhafte Schläge, soll auch ein Dom seiner Sub seine große Dankbarkeit und Liebe zeigen, sie zärtlich an sich schmiegen, sie intensiv küssen, durch Streicheln beruhigen, ihre Scham und ihren Kitzler zärtlich reiben und ihr sagen, dass er mit Freude die Dankbarkeit hört und diese in ihren Augen sieht. Ein wirklich in die Partnerschaft engagierter Dom wird diesen Moment nutzen, um seiner Sub mit dem Dank auch Worte des Trostes auszusprechen, indem er ihr zusichert sie zukünftig nur in Liebe, gerecht und rücksichtsvoll zu korrigieren.

Der Dank der Sub ist ein wichtiges Element des Aftercares und diese Aussprache und Bezeugung der Liebe und Hingabe ist auch für die Sub eine Grundlage, um sich erfolgreich nach einer belastenden Session auffangen zu lassen.

Im Sinne der progressiven Domestic Discipline sollte der Dom nach dem Dank der Sub, aber auch in dem beruhigenden Gespräch auf den sexuellen Charakter des Maintenance hinweisen. Der Dom sollte darlegen, wie sehr seine gehorsame Sub ihn sexuell erregt hat und er sich letztendlich an ihr dankbar befriedigen konnte. Die Sub kann ruhig wissen, dass ein progressives Maintenance auch seiner sexuellen Befriedigung dient, egal, ob sie in den Sub-Space kam oder nicht und sie es ihm in Zukunft widerspruchsfrei zu bieten hat. Der Dom sollte der Sub immer klar vor Augen führen, wie wichtig für ihn ein sexuell befriedigendes Maintenance ist, bei der er die ganze Erhabenheit seiner Dominanz zeigen kann.

Mit einem regelmäßigen Maintenance wird eine Sub daran erinnert, dass sie ihre sexuellen Pflichten nicht vernachlässigen darf und erlernt den Lustschmerz zu genießen. Ein Maintenance ist schmerzhaft und das soll es auch sein, um den Lustschmerz zu erzeugen und Frauen in den Subspace zu bringen. Jenes Schweben vor Lust, wenn die endorphinen Opiate im Körper ihre Wirkung zeigen. Zugleich erzeugen schmerzhafte Peitschenhiebe auf den nackten Po eine Erregung der Vagina. Viele Frauen haben oft gespürt, wie feucht sie bei einer Züchtigung geworden sind. Das ist ein ganz natürlicher biologischer Vorgang. Die Wurzeln der Klitoris reichen bis tief in die Vagina und die durch die Hiebe erzeugte Erregung trägt sich auf die Klitoris über. Es gibt Frauen, die allein durch die Züchtigung zum Orgasmus kommen - und ebenso viele, die anfragen, wie ihr Mann sie dazu erziehen kann. Das ist das, was man Lustschmerz nennt. Lust, die durch schmerzhafte Hiebe zum Orgasmus führt oder einen erfüllenden Liebesakt durch den Mann herbeisehnt.

Der Vollzug des Liebesaktes zum Orgasmus steht dabei über alles. Neben der *Lust am Schmerz* ist es vielfach die Demütigung, die in den submissiven Phantasien devot veranlagter Frauen eine große Rolle spielen. In den Momenten der Erniedrigung und Demütigung durch ein ausgedehntes Maintenance erleben sie eine Intensität der totalen Unterwerfung, die ihnen Befriedigung gibt und sie sogar stolz werden lässt.

Auch die Tatsache, dass sich gestandene Männer daran aufgeilen, ihre Frauen zu peitschen, sollten sie nicht nur akzeptieren, sondern als Geschenk sehen.

Der Wert eines Maintenance zeigt sich dem Dom durch eine besonders liebevolle Hingabe und Bemühungen seiner Sub, ihn auch in den folgenden Tagen und Nächten höchste sexuelle Befriedigung zu schenken. Ein Maintenance's ermöglicht es dem Dom, danach auch bei außergewöhnlichen und sehr belastenden Sexualpraktiken, den höchsten Grad der sexuellen Befriedigung zu erreichen. Diese Vollkommenheit bei der sexuellen Befriedigung ihres Doms auf den höchsten Stand des Subtrainings, ist nur durch ein regelmäßiges Maintenance und der damit verbundenen bleibenden Erinnerung zu vermitteln.

Maintenance ist eine erzieherische Disziplinierung, die den Weg zeigt, sich danach auch wieder versöhnen, Frieden zu schließen und im Liebesakt Erfüllung zu finden. Es liegt uns Frauen in unseren Genen, dass wir uns gerne einem dominanten Mann unterwerfen und hart genommen werden wollen. Ein Maintenance lässt der Frau die unverdünnte weibliche Energie der Unterwerfung erleben. Zugleich lässt es sie dankbar die unverdünnte männliche Energie der Dominanz empfangen. Die höchste Form der Unterwerfung erleben wir, wenn wir uns aus freien Willen der schmerzhaften Züchtigung durch unseren Dom hingeben. Deshalb ein Rat zum Schluss.

Unterwürfigkeit kann sehr erfüllend sein. Zusammenfassend kann man feststellen - das Maintenance ist die wirksamste Erziehungs- und Trainingsmethode, eine geliebte Frau zu einer bleibend gehorsamen Sub zu erziehen.

Sexuelles Training

Dieses Kapitel enthält expressive sexuelle Beschreibungen mit der zum besseren Verständnis entsprechenden Wortwahl.

Der Geschlechtsakt mit dem Eindringen des steifen Gliedes eines Ehemanns in den Körper seiner Frau ist das wichtigste Element in einer erfüllten partnerschaftlichen Beziehung. Darüber hinaus gibt es Momente, in denen ein dominanter Mann besondere Variationen beim Geschlechtsverkehr mit seiner Sub praktizieren will. Ungewöhnliche Variationen, die eine Sub nur durch intensives und regelmäßiges Training erlernen kann, um ihrem Dom eine umfassende Hingabe und wirkliche Befriedigung zu verschaffen. Da diese Praktiken oft für eine Sub belastend sind und sie zaudert, ist es notwendig, der Sub zu verdeutlichen, wie wichtig der Vollzug dieser Praktiken für ihren Dom ist und welche Art Unterwürfigkeit und Fügsamkeit er einfordert. Dies erreicht ein Dom mit einem besonderen Sub-Training, dem Ficktraining.

Der Phallus, das steife Glied des Dom's, symbolisiert die Macht, die er über seine Sub innehat und die Kraft, mit der er sich seine sexuelle Befriedigung holen kann. Dazu ist es notwendig, dass der Dom die Kraft, die in seinem Verlangen und seinem Phallus steckt, ab und zu seiner Sub unmissverständlich vorführt.

Eine solche Demonstration seiner Autorität bedarf keines zärtlichen Vorspiels, im Gegenteil, die Sub sollte bei dieser rein erzieherischen Ausbildung mit Nachdruck vor vollendeten Tatsachen gestellt werden.

Für das sexuelle Training empfehlen wir drei Ausbildungsmethoden. Das orale, das vaginale und das anale Ficktraining. Zu allen drei Erziehungsmethoden muss die Sub fixiert werden, damit ein Ausbrechen oder Verweigerung ausgeschlossen ist. Es hört sich schlimm an, aber das Ausgeliefert sein ist elementarer Bestandteil dieses Trainings und gibt ihm allein dadurch einen hohen Erziehungswert. Notfalls muss die Fixierung mithilfe einer nachhaltigen Züchtigung durchgeführt werden.

Orales Training

Zum oralen Ficktraining fordert der Dom die Sub auf, die Unterwerfungshaltung auf den Boden einzunehmen. Sie kniet aufrecht auf ihren Fersen, den Rücken gerade, den Kopf angehoben. Die Knie und Schenkel sind extrem gespreizt, die Hände liegen mit der Handfläche nach oben auf den Oberschenkeln und sind empfohlenerweise an den Oberschenkeln festgebunden. Der Dom tritt vor das Gesicht seiner Sub und fordert sie auf sein Glied in den Mund zu nehmen. Er lässt seinen Schwanz blasen, bis er die volle Härte erreicht hat.

Dann ergreift er den Kopf seiner Sub mit beiden Händen, hält ihn geklammert fest und beginnt, sie in den Mund zu ficken. Der Dom sollte ohne Rücksicht auf Würgegefühle, die Sub kraftvoll und ausdauernd in den Mund ficken und eine Bewegung des Kopfs energisch verhindern. Sollte es dazu kommen, dass das Glied herausrutscht, sollte er sich nicht scheuen, sein Glied in die Hand zu nehmen und den Kopf seiner Sub links und rechts mit seinem harten Phallus zu schlagen. Es kann sehr kräftig geschlagen werden, da keinerlei Gefahr für Verletzungen besteht - es aber für die Sub ein eindrucksvolles Erlebnis der Herrschaft ihres Doms über sie ist.

Die kraftvolle Fixierung des Kopfes muss bei Fortsetzung des Ficktrainings erhöht werden, wenn der Dom spürt, dass sein Orgasmus naht, damit er seinen Samen tief in ihren Rachen spritzen kann.

Der Sub wird empfohlen, sofort und ohne zu Zögern den eingespritzten Samen herunterzuschlucken, da sich damit am leichtesten Würgegefühle verhindern lassen.

Das orale Ficktraining ist eine eindrucksvolle Erziehungsmethode, um einer Sub die Dominanz ihres Dom's vor Augen zu führen.

Vaginales Training

Zum vaginalen Ficktraining nimmt die Sub die sogenannte Erwartungshaltung auf den Boden ein. Zu diesem Training werden der Sub vorher Arm- und Beinmanschetten angelegt. Auf den Boden kniend, die Schenkel weit gespreizt, beugt sie sich mit dem Oberkörper weit herunter, streckt die Arme nach hinten und legt den Kopf seitlich auf den Boden. Die rechte Armmanschette wird an die rechte Beinmanschette befestigt und der linke Arm an das linke Bein. Wenn die Beine weit gespreizt werden, ist der hochgestreckte Hintern der Sub und ihr gesamter Schambereich frei zugänglich.

Bevor es zum Training kommt, sollte der Dom sein steifes Glied mit der Hand reibend seiner Sub zeigen und mit ihr über ihre Erziehung reden. Dies ist ein eindrucksvoller optischer Machtbeweis seines Herrschaftsanspruchs. Danach sollte er mit einer Peitsche die Sub züchtigen, ohne sie dabei zu stimulieren.

Ohne Ankündigung und vollkommen überraschend sollte der Dom sich hinter der Sub zwischen deren Beine knien, dann sein Glied heftig in die Vagina der Sub stoßen und sofort damit beginnen sie kraftvoll zu ficken, bis sie genügend erregt ist und vor einem Orgasmus steht. Dann muss er sich ihr entziehen und sie peitschen. Der Wechsel zwischen Ficken und Züchtigung sollte so oft wie möglich vom Dom praktiziert werden, wie er es vermag, ohne dass die Sub zum Orgasmus kommt.

Wenn seine Lust ihren Höhepunkt erreicht hat, kann er sich mit rabiaten Stößen in sie ergießen. Das vaginale Ficktraining mit Züchtigung einer fixierten Sub ist ein unverzichtbarer Bestandteil des Subtrainings bei der fortschrittlichen Domestic Discipline und sollte vom Dom monatlich praktiziert werden. Es eignet sich auch hervorragend zur Lustschmerzerziehung.

Anales Training

Beim analen Ficktraining sind die grundsätzlichen Vorbereitungen die gleichen, wie eben beschrieben. Die nackte Sub ist in der gleichen Weise fixiert und nach einer ersten heftigen Züchtigung dringt der Dom über der Sub hockend mit der ganzen Länge seines steifen Gliedes in das Rektum seiner unvorbereiteten Sub ein. Den Vorgang des schonungslosen Eindringens sollte er mehrmals wiederholen, um die Macht, die er über den ganzen Körper seiner Sub und aller ihrer Öffnungen besitzt, zu demonstrieren.

In abwechselnden Fickpausen wird die Sub gepeitscht und danach wieder gefickt. Im Gegensatz zum vaginalen Ficktraining kann der Dom den Kitzler der Sub während der Züchtigung stimulieren, um ein dauerhaftes Spannungsfeld zu erzeugen. Für die Session des analen Ficktrainings sollte sich der Dom Zeit lassen und immer wieder mal mit seiner Sub beruhigend reden, da dieses Training für viele Sub schmerzhaft ist und meistens Tränen fließen. Das anale Ficktraining ist die erzieherisch erfolgreichste Methode in der fortschrittlichen Domestic Discipline, wie es uns viele Paare immer wieder bestätigen. Sie gibt dem Dom den höchsten Grad an sexueller und mentaler Befriedigung. Sexuell, weil das Eindringen in einen engen Analkanal dem Dom die intensivsten Gefühle an seinem Schwanz erzeugt - und mental, weil er auch hier seine Macht klar positionieren kann. Wir empfehlen ausdrücklich auch einen normalen regelmäßigen Analverkehr, um eine mit Gleitsalbe vorbereitete Sub an ein gewaltsames anales Ficktraining mit Züchtigung zu gewöhnen.

Anales Ficktraining als ist auch geeignet als Bestrafung oder Auffrischung. Manchmal ist es notwendig, dass ein Dom ein schwerwiegendes Vergehen mit einer wirklich schmerzhaften Bestrafung korrigieren oder eine vorangegangene Bestrafung in Erinnerung rufen muss. Das anale Ficktraining mit regelmäßigen Momenten des Auspeitschens, das sichtbare Zeichen auf den Po der Sub hinterlässt und zu ausgiebigen Tränen führen soll, ist hervorragend für eine konsequente und nachhaltige Bestrafung einer ungehorsamen Sub geeignet.

Die psychologischen und mentalen Auswirkungen auf die Sub sind immens und erzeugen einen nachhaltigen Erinnerungswert, da sie mindestens einen Tag nicht sitzen kann und zur Strafe mit nacktem Hintern auf dem Bett liegen sollte. Dies ist erzieherisch wichtig, da es ihr Zeit gibt über ihr Vergehen und über die erfolgte Bestrafung nachzudenken. Um grundsätzlich eine solch äußerst harte Bestrafung zu vermeiden, sollte sich eine Sub die Regeln des Hauses ins Gedächtnis rufen und sie beachten. Die meisten gemeinsam aufgestellten Regeln in einer Ehe sind im Allgemeinen bei Ehepaaren, die die Domestic Discipline praktizieren, einfach einzuhalten. Die Sub sollte sich frei machen von Zweifeln und sich stets offen, ohne irgendwelche belastenden Geheimnisse, ihrem Ehemann anvertrauen. Ein guter Dom wird dies berücksichtigen, da auch er um gegenseitiges Vertrauen bemüht ist.

Sexuelles Training mit dem Magic Wand

Magic Wand Massagestäbe erfreuen sich seit rund 30 Jahren größter Beliebtheit, weil sie als Klitorisvibrator wahrhaftig begeistern. Dieses Gerät wird die Ehefrau um den Verstand bringen, so viel ist sicher. Einen großen Beitrag zur Beliebtheit des Geräts für die weibliche Lust trug die Sexualpädagogin Betty Dodson, die den Massagestab in ihrem Unterricht zur weiblichen Masturbation empfahl.

Das Besondere an dem Gerät: Es handelt sich um einen Auflegevibrator, der einzig die Klitoris stimuliert und die Damenwelt hierdurch reihenweise um den Verstand bringt.

VIBRATEX der Hersteller, modernisierte den Original Magic Wand mit einer zeitgemäßen Elektronik, gummierten Tipp-Tasten und kleineren Verbesserungen. Eine kräftige, aber unsagbar sanfte Vibration zeichnet dieses Gerät aus und garantiert nach wenigen Minuten einen himmlischen Orgasmus.

Seine Vibrationswellen scheinen genau auf den weiblichen Schambereich und dem Kitzler abgestimmt zu sein. Anders als bei batteriebetriebenen Dildos liegen die Vibrationswellen weiter auseinander - somit wirkt die Vibration zwar stärker, aber dennoch weicher.

Der Orgasmus kommt schnell und mit Macht! Meistens in zwei oder drei Minuten rollt eine riesengroße Orgasmuswelle auf die Frau zu. Da der Massagekopf genau die richtige Größe für die Pussy hat, wird nicht nur (wie bei den batteriebetriebenen Dildo) eine kleine Stelle stimuliert, sondern der gesamte Schambereich. Er ist von daher auch bestens für multiplen Orgasmen geeignet.

Dieses Gerät ist für zweierlei erfolgreiche Erziehungsmethoden beim Sub-Training der Frau geeignet. Zum einen zum Lustschmerz Training und zum anderen zur Orgasmus Kontrolle.

Zu beiden Trainingsmethoden muss die nackte Frau über einen Stuhl oder Sessel gebeugt, mit ihren Armen und weit gespreizten Beinen mit Riemen oder Leinen fixiert sein. Gegebenenfalls sollte man sie auch in der Taille fixieren, damit ein Ausweichen des Schambereichs nicht möglich wird.

Beim Lustschmerz-Training wird der Kitzler der fixierten Sub von ihrem Mann mit den Wand Vibrator in Intervallen von etwa einer Minute ohne Erreichen des Orgasmus bearbeitet. Dann erhält sie mit einem Riemen, Stock oder Peitsche vier oder sechs Peitschenhiebe auf ihren blanken Hintern. Danach wird der Wand Vibrator wieder angesetzt, die Erregung wiederhergestellt, aber kurz vor dem Orgasmus wieder abgebrochen.

Eine weitere intensive Züchtigung sollte folgen. Diese Intervalle von Stimulierung und Züchtigung sollten ungefähr eine Erziehungsstunde dauern. Ein gewährter Orgasmus zwischen drin ist empfehlenswert, wenn danach wieder eine kräftige Züchtigung folgt. Diese Erziehungsmethode ist erfolgversprechend, insbesondere bei jungen Ehefrauen, die am Beginn ihrer Hinführung zum Lustschmerz stehen und sollte in der Regel mit der Penetration durch den Mann beendet werden.

Anders ist die Erziehungsmethode zur Orgasmus-Kontrolle der Frau. Auch hierbei muss die Frau an Armen und Beinen fest fixiert sein. Sie sollte mehrmals bis kurz vor Erreichen des Orgasmus mit dem Magic Wand Gerät gebracht werden.

In nachfolgenden abrupten Pausen, die den Orgasmus verhindern, sollte sich der Ehemann mit ihr, unterstützt durch leichtes Spanking mit der Hand, über ihre Lust, auch unter Einbeziehung obszöner Worte unterhalten. Nach einigen Intervallen, von Stimulation und Züchtigung über einen längeren

Zeitraum, kann der Ehemann ihr den Orgasmus gewähren und sie anschließend penetrieren.

Umgekehrt eignet sich die Methode zur Orgasmus Kontrolle mit den Magic Wand zur Erziehung zu multiplen Orgasmen. Nach Erreichen des ersten Orgasmus, der in der Regel nach wenigen Minuten erreicht wird, setzt der Ehemann das Gerät nicht ab, sondern stimuliert konsequent weiter. Relativ schnell lässt sich eine Frau so zu schnell folgenden multiplen Orgasmen erziehen, die sie an den Rand des Wahnsinns bringen können, bis sie schließlich darum bettelt, nicht mehr stimuliert zu werden. Es ist wichtig, dass hierbei einzig und allein der Mann entscheidet, ob und wann er aufhört, um ihr ihre zugeordnete Rolle zu verdeutlichen. Eine sehr wirkungsvolle Methode, die der Frau ungeahnte Wonnen ermöglicht und sie dazu erzieht auch ein anschließendes härteres Spanking mit Stock oder Peitsche lieben zu lernen.

Mit dieser anerkannten Erziehungsmethode kann ein HOH oder Dom seine Sub dazu bringen, einzig dann zu kommen, wann er es will. Ihr Orgasmus ist dann nur für seine Befriedigung und eigentlich nicht für ihre. Er sollte ihr bei diesem Training verbieten, etwas zu sagen. Wenn sie bettelt und bittet aufzuhören, verweigert er es ihr und setzt die Behandlung gesteigert fort. Ein Dom muss seine Sub auch dazu erziehen, dass gewisse Sexualpraktiken eben nur zu seiner Befriedigung dienen und sie wird erkennen, wie wichtig es ist, ihm zu gefallen.

Besonders erzieherisch wirken Pausen bei der Vibration, um der Frau durch ein kräftiges und nachhaltiges Spanking mit Riemen oder Peitschenhieben, das Verlangen nach Wiederanstellen der Vibration zu fördern. Es werden auch Halterungen angeboten, in denen man einen Magic Wand befestigen und auf die Klitoris der Frau fixieren kann, um sie während der Orgasmen zu peitschen.

Zusammenfassend kann man sagen, dass ein Magic Wand Vibrator ein unerlässliches Erziehungsinstrument in einer fortschrittlichen D/S Ehe ist und bestens zur erzieherischen Luststeigerung geeignet ist. Die alleinige Nutzung des Vibrators durch die Frau sollte ihr bei Strafe verboten werden, da die Orgasmusgarantie zu Abhängigkeiten führen kann. Es ist erzieherisch äußerst wichtig, dass der Ehemann die alleinige Gewalt über die Lust und den Orgasmus seiner Frau behält und er das Gerät unter Verschluss hält.

Hinweis an den Dom: Eine solche Lektion

sollte regelmäßig, aber nicht allzu oft praktiziert werden. Wir empfehlen den Gebrauch mit dem Magic Wand einmal im Monat.

Hinweis an die Ehefrau: Öffnen sie sich dem Verlangen ihres Mannes und vermeiden sie innere Widerstände. Das Erleben mehrerer Orgasmen in einer gefesselten Position gibt ihnen völlig neue Empfindungen - und multiple Orgasmen zu erreichen ist etwas Krönendes, von dem viele Frauen träumen.

Erziehung zum Lustschmerz

Die Luststeigerung mittels Schmerzreizen ist uralt und wird nicht erst praktiziert, seit es Domestic Discipline gibt: schon im Kamasutra der alten Inder stehen exakte Anweisung zur Platzierung der *Liebesbisse* auf den Brüsten der Geliebten und Schläge mit der Rute auf den Po.

Es ist nicht leicht, eine Sub dazu zu erziehen, einen befriedigenden Lustschmerz zu erleben und lieben zu lernen. Nahezu jeder Sub, die sich aufgeschlossen dem Experiment hingibt, kann der viel gerühmte *Lustschmerz* durch Erziehungslektionen mit Maintenance-Spanking vermittelt werden. Schließlich praktizieren auch manche Sauna-Freunde das Auspeitschen mit Fichtenzweigen nach dem Schwitzen – und genießen es, obwohl es für unbedarfte Dritte durchaus nach brutal aussehen kann.

Erziehbar ist allerdings wirklich nur ein *Lust*-Schmerz, der aus Lust und Schmerz zugleich besteht. Die Erzeugung von Lust durch Stimulation ist daher äußerst wichtig, bevor ein Auspeitschen beginnt und sollte während der Züchtigung immer wieder aufrechterhalten werden. Erst nach vielen

Lektionen ist es möglich, dass eine Sub den Schmerz *als Schmerz* und das eher heftig erleben will, also über ihre Grenze hinaus gegangen wird, wo noch Lust und Erotisierung möglich ist.

Lustschmerz kann nach relativ sanften Schlägen und gleichzeitiger und abwechselnder sexueller Stimulation die Geilheit steigern. Steht die Sub vor einem Orgasmus, sollte sie schmerzhaft gepeitscht und immer wieder ihre Klitoris stimuliert werden. Die intensive Stimulation der Klitoris ist für die Sub von entscheidender Bedeutung um eine Geilheit auf höchst möglichen Grad zu erreichen. Bei der erzeugten Geilheit steht dann der Schmerz nicht mehr im Vordergrund, sondern die Hiebe werden als *heftige Massage* empfunden und können vom Dom gesteigert werden, wobei sich die Schmerzempfindungsschwelle ebenfalls anhebt. Was bei ersten Maintenance-Lektionen noch als recht schmerzhaft empfunden worden wäre, ist auf einmal angenehm und wird von der Sub *rauschhaft genossen.*

Diese Art Genuss kann jede Sub, die sich darauf einlässt, lernen. Denn durch die Endorphinausschüttungen werden die Schmerzen zur Lust verwandelt und sind der Türöffner zum Genuss.

Vielen masochistisch oder submissiv

veranlagten Subs ist das vertraute Verlangen, ihrem Dom ihre Unterwürfigkeit und Hingabe, also mittels grenzwertiger Behandlungen über den Genusslevel hinaus geführt zu werden, ein Ansporn, echtes Leid erleben zu wollen und vielen dunklen Gefühlen zu begegnen: Wut, Trotz, Verzweiflung, Tränen, hemmungsloses Weinen.

Fördern kann ein Dom die seltene Fähigkeit weniger Subs, auch heftige Schmerzen locker in eine Geilheit zu wandeln, um dadurch zum Orgasmus zu kommen. Diese Art der Neigung ist allerdings selten.

Damit eine Sub den beschriebenen Rausch erleben kann, muss sie erst einmal dahin kommen, sich überhaupt eine gesteigerte Intensität im Reich der schmerzlichen Behandlungen zumuten zu wollen, beziehungsweise sich einem entsprechenden Dom auszuliefern.

Eine Erziehung zum Lustschmerz sollte einvernehmlich geschehen.

Ein Dom muss herausfinden, ob seine Sub dazu bereit ist. SCHMERZ ist bei alledem ein Mittel, ein Werkzeug. Ein Werkzeug, das Lust erzeugen soll. Es ist möglich, eine Sub dazu zu erziehen, ein Maintenance, das sie in den Subspace führen soll, zu genießen. Mit zunehmender Übung und einem kompetenten, rücksichtsvollen Dom, hebt sich die

Schmerzschwelle. Was früher nur weh tat, wird zur angenehmen Massage – und wenn das auf dem Level hoher Intensität passiert, machen die ausgeschütteten Endorphine das Ganze zu einem beeindruckenden orgasmusähnlichen Rauscherlebnis. Manche Subs nennen es *Fliegen*. Fliegen in den Sub-Space.

Die Vorführung einer Sub

Dies ist ein sehr diffiziles Thema und ist nur etwas für Partnerschaften in erfahrenen und gefestigten Domestic Discipline Ehen, in denen ein Konsens dazu besteht. Es gibt Doms, die es stolz macht, den Stand der Erziehung ihrer Sub vor anderen zu zeigen. Und es gibt Subs, die es mit Stolz erfüllt, im Kreise gleichgesinnter Freunde, ihren Gehorsam vorführen zu können. Bei eingeweihten Personen muss man nicht mit ablehnender Reaktion rechnen, es kann sogar sein, dass diese sich (verbal) mit ins Spiel einbringen. Im Prinzip geht es darum, zu zeigen, inwieweit die Ausbildung der Sub fortgeschritten ist, also um zu zeigen, wie sehr sie sich ihm und seinem Willen unterwerfen, ihren Gehorsam, ihre Fügsamkeit und ihre Bereitschaft zeigen kann, sich für ihn hinzugeben. Mit «vorführen» können verschiedene Vorgehensweisen gemeint sein. Zum einen in der eigentlichen Bedeutung von «zur Schau stellen». Zum Beispiel auf einer Playparty nackt oder leicht bekleidet mit Halsband an der Leine geführt, oder an einer Wand fixiert und als Dekoration benutzt werden oder die Belastbarkeit des Sub beim Spanking oder Peitschen vorzuführen. Es geht um den Reiz beobachtet zu werden und die Sub eindeutig auf das Sexobjekt zu reduzieren. Möglich ist, dass der Dom die Sub von Fremden anfassen lässt. Meistens mehr aber auch nicht. In kleinerem Kreis , unter befreundeten Paaren werden die Subs ebenfalls als Sexobjekt vorgeführt, wobei die Doms sich im Beisein der Subs über die Vorteile der Subs austauschen, meist in einer sehr offenen und teils obszönen Sprache.

Es gibt für die Subs eine Kleiderordnung und sie haben sich auf Anweisung ganz oder teilweise ihrer Kleidung zu entledigen, um sich so ins rechte Licht zu rücken. Der Dom achtet dabei stets auf seine Sub und lässt sie niemals alleine. In ihrer Vorstellung tut die Sub dies alles jedoch nur für ihren Dom, um ihm zu gefallen, und nicht, um anderen zu gefallen. Für den dominanten Mann ist es einfach eine Form von Macht, die er sonst nicht ausleben und spüren kann. Darüber zu bestimmen, wer seine Sub und/oder Partnerin anfassen, anschauen, spanken oder gar sexuell benutzen darf, ist eben sehr selten. Es ist etwas, das ganz tief rührt. Auf der einen Seite ist es ein „Besitzerstolz": „Schaut her, das ist meine. Ihr dürft nur schauen, aber ich, ich darf alles mit ihr. Sogar sie euch so präsentieren." Damit erhebt man sich über die anderen Beteiligten. Für eine Sub kann es erfüllend sein, so ihren Freundinnen vorgeführt zu werden. Es wird sie emotional zutiefst bewegen, vielleicht demütigend sein oder auch sexuell erregen. Auf alle Fälle ist ein erzieherischer Wert einer Vorführung nicht zu unterschätzen und kann den Weg der Erziehung einer Sub positiv beeinflussen. Außerdem ist es der Reiz der Macht über die Sub. Denn der Dom bestimmt in der Situation so weitgehend, wie es kaum anders möglich ist. Er bestimmt, was mit ihr geschieht, was sie tun muss oder wer etwas mit ihr tun darf. So weit geht Macht über eine Sub selten, worin auch der Reiz für die Sub liegt. Es ist eine Form des absoluten Kontrollverlusts. Aber in einer sicheren Form, denn es passt ja jemand auf. Es passt der Mensch auf, dem sie vertraut und in dessen Hände sie sich gegeben hat. Also ist es ein absoluter Kontrollverlust mit absoluter Sicherheit. Etwas, das eigentlich unmöglich ist. Selten kann man sich als weibliche Sub wohl umfassend in fremde Hände begeben. Noch dazu ist es die Erfüllung einer Fantasie, die so verbreitet ist, dass sie fast schon ein Klischee ist: Sex vor oder mit einem Fremden. Sicher eine der beliebtesten weiblichen Sexfantasien. Es muss noch nicht einmal zu sexuellen Handlungen kommen, sondern es ist ausreichend seine Sub nach einem vorgeführten Spanking für einige Zeit mit nacktem Po weinend in die Ecke zu schicken, sodass die Striemen zu sehen sind. Sie wird bald merken, dass sie mit dieser Zurschaustellung der Züchtigung auch ihren alltäglichen Aufgaben weitaus besser nachkommen und sie konzentrierter erledigen kann. Auch die nötige Unterwürfigkeit und Demut werden dadurch verstärkt. Wichtig ist auch zu erwähnen, dass diese Form der Vorführung im privaten Kreis in einem erotischen Kontext gesehen werden sollte! Es geht hierbei um die Disziplinierung, Führung und Besserung der Ehefrau, das insbesondere den weiblichen Gästen ein Zeichen sein sollte und von den anwesenden Doms deshalb gerne gesehen wird. Gerade nach einer schmerzhaften Züchtigung sollten erotische Gefühle durch den Dom gezeigt werden, Tätscheln des Pos der Sub oder Fingern ihrer Scham, um die volle Schuldvergebung und Liebe zu zeigen, ist dabei vorbildlich.

Hier der Brief einer Leserin zu dem Thema:

Die Vorführung war... heftig. Ausgiebiger als sonst. Er genoss es, ließ sich Zeit. Spielte, provozierte, ließ mich zappeln, kostete es aus. Bezog die Gäste, zwei befreundete DD-Paare mit ein. Er beschrieb mich, mein Verhalten und meine Erziehung. Er peitschte mich. Spankte mich sehr heftig. Fingerte mich. Ließ mich zappeln. Auf Knien. Hob mich dann hoch, drehte mich zu unseren Gästen um, sodass sie meinen nackten Hintern und meine Pussy sehen konnten. Fickte mich mit seiner Hand, bis ich squirtete und eine wahnsinnige Sauerei veranstaltete. Ich kam. Mehrmals. Heftig. Schließlich trug er mich auf ein Sofa. Eine der Frauen durfte meinen Hintern eincremen. Er brachte mir Wasser, küsste mich, setzte sich zu mir, streichelte mich und wirkte wie ein bissiger Wachhund, der niemanden an seine Beute lässt. Nachher, beim Dinner, durfte ich, da ich gehorsam gewesen war, aktiv an der recht frivolen Diskussion teilnehmen. Als unsere Gäste gegangen waren, fielen wir übereinander her. Es war traumhaft.

Wie Triple A Spanking eine Sub umerziehen kann.

Nicht jedes Spanking ist gleich. Wenn Sie bereits den Lebensstil der Domestic Discipline leben, klingt dies nach einer bekannten Aussage. Natürlich ist jede körperliche Disziplinierung anders. Abgesehen von den Unterschieden zwischen dem Spanking vor einem Liebesakt, einer intensiven Bestrafung zur Aufrechterhaltung, dem Maintenance, wird jede Disziplinarerfahrung unterschiedlich ausfallen.

Aber der Unterschied ist noch viel mehr. Manchmal muss einer Sub ein Spanking gegeben werden, das stärker wirkt als das, die sie normalerweise erhält. Manchmal muss sie auf eine Weise geschlagen werden, die mehr als nur ihr Fehlverhalten korrigiert. Manchmal braucht eine Sub ein Spanking, das transformierend ist.

Eine Transformationsdisziplinierung ist eine Disziplin, die über eine normale Bestrafung hinausgeht und die Sub transformiert, sie umwandelt. Es ist eine disziplinarische Lektion, die einen Quantensprung in ihrem Verhalten, ihrer Einstellung und ihrem Verständnis hervorruft. Es ist eine Methode, die ihr ein totales emotionales, spirituelles und moralisches Makeover, eine Verjüngungskur verleiht. Dies geschieht mit der Transformationsdisziplinierung, einer Umerziehungslektion der besonderen Art.

In der Welt der Domestic Discipline bezeichnen einige Leute eine Transformationsdisziplin auch als „um jeden Preis vermeidbare Schläge“ - ein AAAC Spanking oder „Avoid At All Costs spanking. Ein Triple A Spanking ist eine Transformationsdisziplinierung im Lebensstil der Domestic Discipline. Ein Triple A Spanking, das eine Sub unbedingt vermeiden möchte, ist eine Spanking, das für sie besonders unangenehm sein wird. Es ist also eine körperliche Disziplierung, die für Ehepaare gedacht ist, die schon eingehende Erfahrung im gegenseitigen Umgang in einer Ehe der Domestic Discipline haben und in der die Frau die Vormachtstellung des Mannes akzeptiert und anerkennt.

Eine Transformationsdisziplinierung soll eine Umerziehung zur echten Unterwerfung der disziplinierten Sub bewirken. Dies ist nicht die Art der Unterwerfung, bei der die Sub sich nur dann unterwirft, wenn es für sie zur Unterwerfung passt. Dies ist die Art der

Unterwerfung, die dauerhaft und echt sein soll. Ein Triple A soll auch ihr den wahren Gehorsam lehren, nicht nur den vorübergehenden Gehorsam, der eine kurze Zeit bis zu ihrem nächsten Spanking anhält. Eine Transformationsdisziplinierung ist sehr schmerzhaft. Dieser Schmerz kann hauptsächlich aus körperlichen Schmerzen bestehen. Die Hiebe, die eine Sub erhält, wenn sie eine solche Disziplinierung erhält, können härter und schwerwiegender sein als eine normale Lektion im Rahmen eines Spankings oder eines Maintenance.

Andererseits kann eine Transformationsdisziplinierung auch wegen ihres emotionalen Inhalts schmerzhaft sein - wegen der emotionalen Erfahrungen, zum Beispiel Nacktheit, die die Sub während ihrer Bestrafung macht. Die physische,spürbare Eindruck mag härter sein als ein normales Spanking, aber die emotionalen Auswirkungen der Disziplinierung auf die bestrafte Sub können tiefer und länger dauern als sie es gewohnt ist.

Die Notwendigkeit einer Transformationsdisziplin entsteht, wenn eine Sub auf eine Weise diszipliniert werden muss, die eine signifikante Änderung ihres Verhaltens und ihrer Haltung erbringen soll, die über das hinausgeht, was sie normalerweise als Ergebnis eines regelmäßigen Spankings erfährt. Eine Transformationsdisziplin wird notwendig, wenn der Dom das Bedürfnis seiner Sub nach einem richtigen Spanking erkennt, das ihren Verstand und ihr Herz verändert. Er möchte ihr beibringen, in ihren Einstellungen und ihrem Verhalten positiver zu werden, als sie es derzeit ist, ihre Dienstbereitschaft, speziell zu sexuellen Handlungen zu verstärken und mehr Verständnis für die Verlangen und Wünsche ihre Ehemannes aufzubringen. Es ist eine reine Erziehungs-Disziplinierung.

Wie bereits in einem früheren Artikel erwähnt, ist es wichtig, sich daran zu erinnern, dass das Fehlverhalten einer Sub mehrere Ursachen haben kann. Das ist der Grund, warum ein Spanking oft nicht ausreicht, um ein bestimmtes Problem zu heilen, das die Sub mit ihrem Verhalten oder ihrer Einstellung hat. Sie wird möglicherweise wegen ihres Fehlverhaltens diszipliniert und muss in der folgenden Woche erneut wegen derselben Art von Ungehorsam, Respektlosigkeit oder Unehrlichkeit bestraft werden. Das bedeutet nicht, dass sie ihre Lektion nicht von der ersten Bestrafung an gelernt hat. Es bedeutet einfach, dass sich die erste Lektion mit einem

Aspekt ihrer Negativität in Gefühlen oder Gedanken befasste, der ein anderes Problem aufdeckte, das darunter lag. Es wurde bereits erklärt, dass der Umgang mit dem wiederholten negativen Verhalten oder der Haltung einer Sub oft mit den Schalen einer Zwiebel vergleicht wird - die Ursache ihres Problems kann vielschichtig sein. Diese Mehrkausalität einiger Beispiele für weibliches Fehlverhalten ist der Grund, warum es häufig erforderlich ist, eine Sub mehrmals für dasselbe Fehlverhalten körperlich zu bestrafen.

Eine Transformationsdisziplinierung ist nicht unbedingt darauf ausgelegt, dieses Problem der vielschichtigen Ursachen für das Fehlverhalten einer Sub zu überwinden. Möglicherweise funktioniert es auf diese Weise, aber es ist nicht speziell dafür vorgesehen. Es liegt in der Verantwortung und Aufgabe des HOH, des Head of the Household, des dominanten Partners, die Ursachen herauszufinden. Es geht darum, eine Sub nach den Wünschen ihres Doms zu formen.

Ein Dom muss der Versuchung widerstehen, den Lernprozess seiner Sub zu stark zu beschleunigen, indem er aus purer Ungeduld eine Transformationsdisziplinierung durchführt. Er wird oft bessere Ergebnisse erzielen, wenn er sich darauf konzentriert, die Zwiebel schichtweise und nacheinander zu schälen, als ihr ein allmächtiges Spanking zu geben, dass sie sich den folgenden Tage nicht hinsetzen kann. Es ist für die Sub nicht von Vorteil, wenn so etwas in Eile und Ungeduld ausführt wird.

Aber wenn ein Dom eine begründete Entscheidung trifft, dass er seiner Sub genügend Zeit eingeräumt hat, um ihr Verhalten und ihre Einstellung zu ändern, damit sie positiver werden, und sie dennoch nicht die Änderungen an sich vorgenommen hat, die sie haben sollte, dann ist er völlig berechtigt, ein Triple A Spanking durchzuführen. Ein Dom muss mit seiner Sub geduldig sein, aber er muss nicht ewig warten. Wenn sie sich nicht bemüht, ihr Verhalten und ihre Einstellung auf positivere Weise zu ändern, kann sie mit einer Transformations-Disziplinierung rechnen.

Eine Transformationsdisziplinierung wird einer Sub die wahre Bedeutung ihrer Unterwerfung beibringen. Sie wird lernen, sich nicht nur der Bestrafung zu unterwerfen, was sie auch wegen des Schmerzes tun wird, sondern sich auch ihrem Dom und seiner Autorität unterwerfen. Wenn eine Sub eine solche Disziplinierung erhält, entdeckt sie eine tiefere Bedeutung der Unterwerfung. Sie wird das Gefühl haben, dass ihre Unterwerfung wirklich ein Teil von ihr als Sub ist, anstatt eine separate Handlung zu sein, die sie von Zeit zu Zeit ausführt. Sie wird Unterwerfung als integralen Bestandteil ihrer Weiblichkeit erfahren. Auf diese Weise erfüllt sie sich als Sub. Sie entdeckt ihren wahren Weg zu echtem persönlichem Wachstum, Liebe und Intimität.

Die Sub, die eine Transformationsdisziplin benötigt, wird normalerweise ein Bedürfnis haben, besseren Gehorsam von ihrem Dom gelehrt zu bekommen. Aber nicht immer erkennt sie die wahren Maßstäbe oder verdeckten Probleme in der Partnerschaft und reagiert nicht gehorsam. Bei der Transformationsdisziplinierung, die sie erhält, wird ihr Gehorsam auf eine gründliche und kompromisslose Weise gelehrt. Sie wird lernen, ihrem Dom konsequenter zu gehorchen, damit sie in Zukunft weniger Probleme mit Fehlverhalten hat. Sie lernt absoluten Gehorsam gegenüber ihrem Dom und insbesondere gegenüber Disziplinarverfahren, die er zu ihrem Vorteil einleitet. Dies wird sie lehren, ihrem Dom zu gehorchen, wenn er sie tatsächlich diszipliniert. Ihr Gehorsam während ihrer Disziplin oder Bestrafung ist äußerst wichtig. Wenn sie ungehorsam ist, während sie diszipliniert wird, stört sie die fundamentale Grundlage des Lebensstils der Domestic Discipline. Sie sollte sich immer bewusst sein, dass ihr Gehorsam absolut obligatorisch ist, wenn ihr Dom sie diszipliniert oder körperlich bestraft.

Die emotionale und körperliche Intensität einer Transformationsdisziplinierung wird die Sub ohne Zweifel lehren, dass Gehorsam eine unabdingbare Voraussetzung für sie ist. Sie wird nicht versucht sein, wieder mit Ungehorsam zu flirten, nachdem sie ein richtiges Triple A Spanking bekommen hat, das sie schluchzend, reuig und zerknirscht zurücklässt.

Der emotionale Inhalt einer solchen Umerziehungssitzung beruht auf den Gefühlen, die die Sub vor, während und nach ihrer Bestrafung verspürt. Indem er genau auf die Wirkung seiner Worte und Taten auf seine Sub achtet, während er sie diszipliniert, kann der Dom die emotionale Qualität ihrer Bestrafung verbessern. Er kann eine größere emotionale Wirkung und damit ein höheres Maß an Scham und Demut für seine Sub erzeugen, wenn er sie zu ihrem eigenen Besten jetzt hart bestraft. Je mehr die Sub dazu gebracht wird, die richtigen Gefühle der Schande, Schuld und Demut für ihr schlechtes Benehmen zu empfinden, desto besser wird der erzieherische Wert der Bestrafung sein und desto besser wird sie ihre Lektion lernen.

Wie sollte eine Sub transformativ diszipliniert werden? Was sind die tatsächlichen Mechanismen und Techniken, um der sich schlecht benehmenden Sub eine Transformationsdisziplinierung zu verabreichen?

Eine Triple A Transformation besteht aus zwei Teilen - dem physischen und dem emotionalen Aspekt. Der physische Teil einer Transformationsdisziplinierung ist recht einfach und unkompliziert. Physisch gesehen besteht die Disziplinierung aus einer körperlichen Bestrafung, die härter, ausgiebiger und schmerzhafter ist als ein Spanking. Es gibt verschiedene Möglichkeiten, die für eine Transformationsdisziplinierung erforderliche härtere Bestrafung zu erreichen.

Die erste Möglichkeit, eine strengere Disziplin zu erreichen, besteht darin, die Sub länger als gewöhnlich zu peitschen. Wenn Sie sie länger als gewöhnlich peitschen, führt dies automatisch zu einer härteren Disziplinierung, die eher einen Transformationseffekt hat. Eine Triple A Lektion muss wesentlich länger sein als eine normale, wenn sie wirksam sein soll. Wenn die Sub zum Beispiel bei einem Spanking normalerweise zehn Minuten lang geschlagen wird, reicht es nicht aus, sie elf Minuten lang zu schlagen, wenn eine Transformation gewünscht wird. Eine Verlängerung der Lektion um zehn Prozent wird auch nicht ausreichen. Eine Transformationsdisziplinierung muss erheblich länger sein als eine normale Disziplinierung, wenn sie wie beabsichtigt funktionieren soll. Eine vernünftige Faustregel ist, die Dauer eines normalen Maintenance mindestens zu verdoppeln, um sie in eine Transformationsdisziplin umzuwandeln. Wenn ein normales Maintenance etwa dreißig Minuten dauern würde, müsste eine Transformationsdisziplinierung 60 Minuten dauern. Das würde zu einer wesentlichen und dauerhaften Änderung ihrer Haltung und ihres Verhaltens führen.

Eines der Probleme, auf die ein Dom stoßen kann, wenn er versucht, eine Transformationsdisziplin durchzuführen, ist, dass er seine Sub so spanken möchte, dass keine Verletzungen auf ihrem Hintern entstehen. Es ist von entscheidender Bedeutung, dass jede Transformationsdisziplinierung mit einer allmählichen Aufwärmstrafe beginnt. Der Po der Sub muss aufgewärmt und vorbereitet werden, mindestens stark gerötet werden, damit er die viel längere Dauer einer Transformationsdisziplinierung ohne Blutergüsse oder übermäßige Hautschäden aushält. Der Dom kann beginnen, indem er sie zu Beginn leicht spanked, um den gewünschten Aufwärmeffekt zu erzielen. Durch langsames und leichtes Aufwärm-Spanking kann eine viel längere Dauer erreicht werden. Dies wird die Sub wahrscheinlicher zum Weinen bringen und ein vorteilhafteres Ergebnis für sie als Sub hervorbringen. Jede Sub wird sich in der Fähigkeit ihres Po unterscheiden, seine Weichheit und Geschmeidigkeit zu bewahren, die ein gutes Spanking beim Aufwärmen hervorruft, so dass ihr Dom eher auf der Seite einer stärkeren Aufwärmung als auf einer geringeren stehen muss.

Es kann länger dauern, bis die ersten Tränen fließen, aber sobald sie begonnen haben, können die Hiebe verstärkt werden. Sie werden viel länger anhalten, da die Sub in einen viel tieferen Zustand der Umkehr und Unterwerfung versetzt werden soll. Tränen, die länger anhalten, sind besser für die Sub, weil sie eine tiefere und reinigende emotionale Katharsis durch die brennenden

Schmerzen auf ihrem Po erlebt. Sie verspürt auch ein viel tieferes Gefühl der Reue wegen ihres Fehlverhaltens. Diese Überlegung ist für eine erfolgreiche Transformationsdisziplinierung unabdingbar.

Das Verabreichen eines härteren Spankings ist der dritte Hauptweg, um eine Transformationsdisziplinierung zu erreichen, wenn es für die Sub notwendig wird. Eine härtere Lektion hängt normalerweise von der Kraft ab, mit der der Hintern der Sub geschlagen wird. Natürlich sind härtere Hiebe zum Aufwärmen äußerst wichtig, das den Hintern der Sub auf die schwerere Bestrafung vorbereitet, die später erfolgen wird.

Der Dom muss das Erfordernis eines härteren Spankings mit der Erfordernis abwägen, dass ihr Po nicht übermäßig verletzt wird. Er sollte immer den Zustand ihres Hinterns überwachen, damit er die Lektion stoppen kann, wenn es den Anschein hat, dass ihr Hintern keine Bestrafung mehr verträgt.

Eine härteres Spanking kann erreicht werden, indem der Hintern der Sub bei jeden Schlag härter geschlagen wird. Das ist der einfachste Weg. Der Dom muss jedoch dann eine Verstärkung erzielen, indem er zu einem schmerzhafteren Züchtigungsinstrument wechselt. Wenn er zum Beispiel nach dem zweiten Teil ihrer Disziplinierung zu einem Gürtel, einer Reitgerte oder einer einschwänzigen Peitsche wechselt. Diese Instrumente sind bei richtiger Anwendung wesentlich schmerzhafter als die Hand des Dom.

Dazu sollte die Sub aber mit ausgestreckten Armen und Beinen auf das Bett gefesselt sein und ihr Po durch ein Polster unter ihrem Bauch übermäßig erhöht sein. Nackt so gefesselt zu sein und ihr Po und ihr Geschlecht durch die weit gespreizten Beine offen darbieten zu müssen, wird die Sub durch die demütigende und erniedrigende Situation noch mehr zum Weinen bringen. Dies ist gewollt und notwendig, da im letzten Drittel einer Triple A Disziplinierung der Po der Sub grundsätzlich mit der Gerte oder der Single Tail gepeitscht wird. Gerte und Single Tail bewirken äußerst schmerzhafte tief brennende Hiebe, die durch die Bank hellrote Striemen auf der Haut erzeugen. Bei diesem Stand der Umerziehung wird die Sub in ihrer Katharsis laut schreiend in einem Weinkrampf ausbrechen. In diesem Moment kann der Mann die Transformation zu einer Pause unterbrechen und die Triple A Disziplinierung in zwei oder mehr Lektionen teilen. Durch zweimaliges oder mehrmaliges Disziplinieren der Sub in derselben Sitzung kann die strengere Vorgehensweise äußerst nützlich für die Transformationsdisziplinierung und damit für die Umerziehung der Sub sein.

Die Pause sollte der Dom nutzen um seiner Sub gut zuzureden, sie ganz bewusst auf ihr Fehlverhalten hinweisen, die Notwendigkeit dieser Umerziehungsmaßnahme erklären und ihr gezielt seine zukünftigen Erwartungen an ihren Gehorsam und ihre besonderen Dienste, die er von ihr erwartet, als ein absolutes Muss darlegen. Dies ist insbesondere dann von Nöten, wenn der Mann als ihr Dom von ihr mehr Bereitschaft zu devotem Verhalten und Einsatz von ihr verlangt, um ihm mehr sexuelle Befriedigung bei außergewöhnlichen Liebespraktiken zu ermöglichen. Die sexuelle Umerziehung und Anerziehung spezieller Befriedigungspraktiken ist der Hauptgrund in der fortschrittlichen Domestic Discipline, dass eine Sub irgendwann eine Transformations-Disziplinierung erhält. Wenn sie sich stetig sexuell ihrem Dom in der gewünschten Art und Weise verweigert, ist es aller höchste Zeit für eine Umerziehung mit einer äußerst schmerzhaften Disziplinierung. Nur dann erkennt sie die große Dimension, die eine erfüllende sexuelle Befriedigung für einen Mann bedeutet. Sie muss lernen, dass alle sexuellen Dienste, die er von ihr verlangt ohne Widerspruch zu erfüllen sind. So sehr er im häuslichen Alltag großzügig sein kann, im Schlafzimmer verlangt ein Dom absoluten Gehorsam. Sollte sie das bisher nicht erkannt haben, so ist diese Art der schmerzhaften Disziplinierung notwendig. Das von erfahrenen Doms eingesetzte Triple A Spanking ist kein Spanking zur Lusterzeugung, sondern dient zur Korrektur und Erziehung.

In diesen Aussprachen muss die Sub richtig beschämt und gedemütigt sein, wenn sie eine Transformationsdisziplinierung erhält. Insbesondere, wenn der Dom die Erfüllung besonderer sexuellen Dienste anmahnt, sollte er diese offen ansprechen. Wenn die Sub dabei nicht angemessen beschämt und gedemütigt ist, wird diese Lektion keine vollständige Transformation darstellen. Sie wird nicht in den angemessenen Zustand der Demut gebracht worden sein, der für sie notwendig ist, um ihr Denken, ihre Haltung und ihr Verhalten wesentlich zu verändern. Eine Möglichkeit, bei der Durchführung einer Transformationsdisziplinierung ein höheres Maß an Demut zu erreichen, besteht darin, der Sub in der Pause Fragen zu stellen, die sie trotz ihres Zustandes beantworten muss. Er sollte keine Einzelwortantworten oder Grunzen von seiner Sub akzeptieren. Es ist wichtig, dass sie verpflichtet ist, sich vollständig zu erklären. Sie muss erklären, warum sie sich schlecht benommen oder verweigert hat, auch wenn es manchmal durch lautes Schluchzen schier unverständlich ist. Sie muss geduldig gefragt werden, warum sie der Meinung ist, dass ihr Fehlverhalten nicht akzeptabel ist. Sie muss gefragt werden, warum sie denkt, dass ihr Dom beschlossen hat, sie für ihr Fehlverhalten so hart zu bestrafen. Sie muss gefragt werden, warum sie eine Transformationsdisziplinierung verdient, nicht nur eine normale Strafe. Ihr muss dabei laut und deutlich gesagt werden, warum ihr Dom sie mit dieser schmerzhaften Bestrafung umerziehen will und sich sich zu ändern hat. Durch die Beantwortung dieser Fragen erfährt sie, dass ihr Verhalten falsch ist. Sie wird erfahren, dass ihr Fehlverhalten schädlich ist - für sie selbst, für ihren Mann und für ihre Partnerschaft. Sie wird lernen, dass ihr schlechtes Benehmen diese harte Strafe verdient, damit ihr eine Lektion erteilt werden kann, die sie nicht so schnell vergisst. Sie wird erfahren, dass sie zu Tränen gepeitscht wird, und zwar zu ihrem eigenen Wohl, um zu erkennen, wie sie ihrem Herrn und Dom besser dienen kann.

Wenn eine Mehrfachdisziplinierung angewendet wird, ist es wichtig, daran zu denken, jede Phase ihrer Lektion mit Aufwärmschläge zu beginnen, damit ihr Hintern mit dem folgenden Teil der Umerziehung fertig wird, die sie erhalten wird. Der Hintern der Sub hat sich durch die erste Tracht Prügel ziemlich stark erwärmt, sodass ihre zweite Disziplinierungslektion kein langes Aufwärmen benötigt, ein paar leichte Hiebe mit dem Lederriemen genügen, um mit der Peitsche fortzufahren. Jede Sub wird sich in der Fähigkeit ihres Po unterscheiden, seine Weichheit und Geschmeidigkeit zu bewahren, die ein hartes Spanking hervorruft, so dass ihr Dom eher auf der Seite einer stärkeren Aufwärmung als auf einer geringeren stehen muss. Die dann folgende zweite Auspeitschung sollte ihr die ganzen notwendigen gewaltigen Änderungen in ihrem Verhalten spürbar werden lassen.

Es ist wichtig, der Sub beizubringen, dass sie diesen Ereigniszug durch ihr eigenes Handeln in Gang gesetzt hat. Es ist immer verlockend für eine Sub, sich selbst vorzutäuschen, sie sei das unschuldige Opfer der

Ungerechtigkeit ihres Dom, von Umständen, die außerhalb ihrer Kontrolle liegen, oder von einer Reihe von Unglücken. Auf diese Weise kann sie fast jedes weibliche Fehlverhalten entschuldigen, an dem sie schuld ist. Um ihre Neigung zur Vermeidung persönlicher Verantwortung für ihr Fehlverhalten zu umgehen, muss ihr Dom sie immer gründlich befragen. Durch den weitergeführten Befragungsprozess wird der Sub beigebracht, dass sie für ihr eigenes Verhalten verantwortlich ist. Wenn sie sich schlecht benimmt, ist sie für die Bestrafung verantwortlich, die automatisch und natürlich folgen wird. Sie wird lernen, dass eine solche Bestrafung ihr eine Lektion zu ihrem eigenen Besten erteilt wird. Sie wird feststellen, dass ihre Bestrafung umso schwerwiegender sein wird, je schlimmer ihr Fehlverhalten ist. Sie wird lernen, dass ihre Bestrafung immer voll verdient ist, wenn sie sich nicht gehorsam benimmt.

Die Fragen und die Schelte, die ihr Dom seiner Sub während ihrer Transformationsdisziplinierung vorwirft, sollten so berechnet werden, dass die Sub aktiv beschämt und gedemütigt wird. Alles, was er zu ihr sagen kann, was ihr Schamgefühl für ihr schlechtes Benehmen erregt, wird für sie als Sub von großem Nutzen sein. Sie muss sich ihrer eigenen Schuld und der Notwendigkeit der Bestrafung bewusst werden, um ihr Fehlverhalten zu korrigieren. Nur durch die reinigende, transformierende Wirkung dieser Disziplinierung kann ihre Schuld gelindert, ihre Arroganz beseitigt und ihr Fehlverhalten korrigiert werden. Sie braucht die transformativen Vorteile einer strengen Lektion, um in einen liebevolleren und unterwürfigeren Zustand zurückzukehren, einen Zustand, der für eine Sub natürlich und gesund ist, die ihr Leben positiv und liebevoll leben möchte. Alles, was dazu beiträgt, die bestrafte Sub weiter zu demütigen und zu beschämen, wird dazu beitragen, eine wahrhaft transformative Disziplin zu schaffen. Nacktheit ist eine der Techniken, die die Qualität der Bestrafung und Erziehung einer Sub immer verbessern. Indem er sicherstellt, dass sie nicht nur teilweise, sondern vollständig nackt ist, kann ihr Dom die emotionale Auswirkung ihrer Bestrafung erhöhen. Wenn sie in einem Zustand totaler Nacktheit gepeitscht wird, kann sie so positioniert werden, dass ihr Po, der Bereich zwischen ihren Schenkeln exponierter ist als normal. Tätscheln ihres Geschlechts und Streicheln ihres Kitzler oder das Einführen eines Analplugs wird dazu beitragen, sie in Verlegenheit zu bringen, zu beschämen und zu demütigen, was eine

Transformationsdisziplinierung erleichtert. Die Erhöhung der emotionalen Wirkung der Bestrafung einer Sub ist immer dann von Vorteil, wenn eine Erziehung durchgeführt werden soll, die auch zum eigenen Wohl der Sub erforderlich wird.

Es muss daran erinnert werden, dass alle emotionalen Techniken, die verwendet werden, um eine Umerziehung zu ermöglichen, nicht ausreichen. Sie müssen immer mit einer angemessen erhöhten Schwere der körperlichen Bestrafung der Sub verbunden sein. Eine Transformationsdisziplinierung erfordert, dass die Sub sowohl eine intensivere emotionale als auch eine intensivere physische Erfahrung durch eine schmerzhafte körperliche Bestrafung erhält, nicht nur eine emotionale. Eine Transformation muss gut überlegt und das Peitschen des Pos rücksichtsvoll, aber konsequent und präzise durchgeführt werden, um die Sub im Zustand der höchsten Läuterung zu halten und ihre Weinkrämpfe zu fördern. Dieser Höhepunkt der Transformations-Diziplinierung wird meisten benutzt, um zwischen einzelnen Peitschenhieben von der Sub zwingend ihre Zustimmung zu besonderen sexuellen Praktiken, denen sie bisher zögerlich oder gar verweigernd gegenüber stand, wie Schlucken seines Samens oder der analen Penetration zu verlangen. Es ist für ihre Erziehung effektiv und vorteilhaft, wenn sie mit einzelnen Hieben dazu gezwungen wird, mit lauten verständlichen Worten ihrem Dom von jetzt an diese Dienste anzubieten. Ein Dom sollte sich nicht scheuen, seine Sub dazu zu bringen, ihn laut und deutlich darum zu bitten, sie anschließende in den gestriemten Hintern zu penetrieren, da die anale Penetration der höchste Ausdruck seines Machtanspruchs ist und die Sub dabei den überwältigenden Aspekt ihr Bereitschaft zur totalen Unterwerfung erleben kann. Seine Zusicherung, dass er ihre Bitte später mit Freude erfüllen wird und sie gerne seine ganze Stärke und Größe tief spüren darf, um die wirkliche Süße ihrer Unterwerfung zu erleben, wird sie zutiefst demütigen und einen weiteren Weinkrampf auslösen. Ein präziser Peitschenhieb sollte ihr die Ernsthaftigkeit seiner Ankündigung verdeutlichen und ihr folgendes aufgebendes Schluchzen wird ein Zeichen sein, dass ihre Umerziehung erfolgreich Früchte trägt.

Nach einer solchen positiven Transformation-Disziplinierung sollte der Dom sich hingebungsvoll um seine Sub und insbesondere um ihren Po kümmern. Ein paar lindernde Arnikasalben helfen, die akuten Schmerzen zu lindern und zärtlich, tröstende Worte fördern die allgemeine Verfassung der Sub zu beruhigen, bevor der Dom wirklich zu seiner geforderten und angekündigten Tat schreitet. Egal, welche besondere außergewöhnliche Sexualpraktik er von ihr verlangt oder angekündigt hat, er muss es vollziehen, damit die Sub sich bewusst wird, dass eine umfassende Neuausrichtung ihrer Beziehung stattgefunden hat. Sie wird erkennen, dass diese Erweiterung ihres Horizonts sich sehr positiv auf ihre Ehe auswirkt. Vielleicht nicht an diesem Abend, wenn sie ihm zum ersten Mal so speziell dienen muss und es schmerzhaft ist. Aber mit der Zeit wird sie sehen und erleben, dass sein beharrliches Wirken für ihre Partnerschaft sehr förderlich ist. Sich mit Haut und Haaren ihrem Mann hinzugeben erfordert viel und war vielleicht sogar unterschwellig schon immer vorhanden. So ist es unserer Erfahrung nach meist in Ehen der Domestic Discipline. Gerade die Möglichkeit, die intimsten und vielleicht obszönsten sexuellen Träume in einer Partnerschaft offen ausleben zu können, festigen die Ehen in der Domestic Discipline und werden ein wichtiger Bestandteil des Liebesleben. Manchmal bedarf es dazu einen Auslöser. Ein erfahrener Dom weiß, dies durch zielgerichtetes Spanking zu fördern.

Eine Transformationsdisziplin sollte eine Sub erhalten, wann immer sie unterrichtet werden muss, um ein anhaltendes Problem des Verhaltens oder der Einstellung zu überwinden, für das sie zuvor schon mehrmals diszipliniert wurde. Während der Dom im Allgemeinen geduldig mit seiner Sub und ihrem persönlichen Fortschritt sein sollte, muss etwas unternommen werden, wenn sie anscheinend ein wiederholtes Problem mit einem bestimmten Aspekt ihres Verhaltens und ihrer Haltung hat. Wenn sie in der Vergangenheit wiederholt vor diesem Problem gewarnt wurde, sollte etwas unternommen werden. Wenn sie häufig wegen derselben Art von Fehlverhalten diszipliniert wurde, müssen Maßnahmen ergriffen werden, um die Situation zu korrigieren. Dies ist der Zeitpunkt, an dem eine Transformationsdisziplin für die Sub sowohl wünschenswert als auch nützlich ist.

Es muss auch beachtet werden, dass eine Transformationsdisziplinierung nicht für absolute Anfänger des Lebensstils der Domestic Discipline gedacht ist. Wenn ein

Paar gerade erst begonnen hat, den Lebensstil der Domestic Discipline zu leben und die Frau ihr Einverständnis zu der beherrschenden Rolle ihres Mannes und seinem Recht, sie körperlich durch Spanking zu disziplinieren, gegeben hat, ist keine Transformationsdisziplinierung notwendig. Er sollte sich mit der Disziplinierbarkeit seiner Sub und seiner eigenen Fähigkeit vertraut machen, sie durch normales Spanking zu bestrafen, ohne ihren Hintern ernsthaft zu schädigen. Wenn er die Verwendung seiner Hand oder seines Gürtels zur Disziplinierung seiner Sub beherrscht und seiner Sub genug Spanking gegeben hat, um zu wissen, wie man sie richtig und sicher diszipliniert, kann er ihre Erziehung auch durch ein regelmäßiges Maintenance sicher stellen. Erst wenn er nach längerer Zeit der Partnerschaft erkennt, dass eine Umerziehung für ein bestimmtes, ganz besonderes Verhalten notwendig sein sollte, kann er erwägen, eine Transformationsdisziplin durchzuführen. Aber wenn diese Zeit für ein Triple A Spanking gekommen ist, wird es der Sub helfen, eine völlig neue Erfahrung der Unterwerfung, des Gehorsams, der Weiblichkeit und der Liebe zu entdecken.

Corner Time, die Zeit in der Ecke

Die sogenannte Corner Time ist ein elementarer Bestandteil in der Domestic Discipline bei der Erziehung einer Sub zu Gehorsam.

Bei der Eckzeit muss die Sub einfach in der Ecke stehen und in sich schauen. Es kann als Strafe für sich genommen werden, wird aber normalerweise in Verbindung mit einem Spanking angewendet, um den größtmöglichen Nutzen zu erzielen. Die Sub muss entweder für eine festgelegte Zeit in der Ecke stehen - zum Beispiel zehn Minuten, eine halbe Stunde usw. - oder bis sie aufgefordert wird, die Ecke zu verlassen. Corner Time muss nicht einmal in einer Ecke stattfinden. Wenn eine Ecke aufgrund von Möbeln oder aus anderen Gründen nicht verfügbar ist, kann die Sub einfach vor eine Wand gestellt werden, ganz in der Nähe davon. Sie könnte sogar in der Mitte des Raumes positioniert werden, wenn dies angemessener ist.

Normalerweise wird sie mit dem Gesicht zur Ecke positioniert, sodass ihr vom Spanking frisch gestriemter Hintern zu sehen ist. Diese Position soll für sie demütigend sein. Es ist eine Erinnerung an sie, dass sie gerade für schlechtes Benehmen gezüchtigt wurde. Ihr geröteter Hintern zeigt nach außen als sichtbarer Beweis ihr Fehlverhalten und die daraus resultierende Bestrafung. Obwohl sie sich in der Ecke auf natürliche Weise den Hintern reiben möchte, sollte sie normalerweise daran gehindert werden. Es ist wichtig, dass sie verpflichtet ist, ihren Hintern als Beweis für ihre Disziplin zu zeigen. Dies ist ein wesentlicher Teil des demütigenden Effekts der Corner Time.

Wenn eine Sub in die Ecke gestellt wird, wird sie normalerweise in eine Position gebracht, die sie über einen angemessenen Zeitraum aushält, da sie dort bis zu einer Stunde stehen kann. Wenn eine Sub dazu gebracht wird, in der Ecke zu knien, anstatt dort zu stehen, sollte sie normalerweise auf einem Kissen oder etwas Weichem knien dürfen, um ihre Knie vor einer Beschädigung durch einen harten Boden zu schützen. Ein weiteres Spanking soll schließlich auf ihr Gesäß und nicht auf ihre Knie gerichtet werden.

Manchmal wird eine Sub gezwungen, die Hände hinter dem Kopf zu falten und während ihrer Eckzeit dort zu lassen. Dies verhindert, dass sie sich den Po reibt oder etwas anderes mit den Händen macht und ist eine nützliche Technik, die von vielen

Paaren angewendet wird, bei denen Corner Time Teil einer normalen Erziehungssession ist. Es hilft ihr auch, den Rücken gerade zu halten, ihren Hintern weiter herauszudrücken, wodurch sowohl die Stelle, an der sie das Spanking bekommen hat, freigelegt wird, als auch das Gefühl, verletzlicher zu sein. Auch hier ist die Gesamtwirkung auf sie demütigend und daher für eine Bestrafung durchaus angemessen.

Normalerweise sollte eine Sub in der Corner Time nackt sein, weil ihre Nacktheit ihr hilft, sich unterwürfig und verletzlich zu fühlen und zur disziplinarischen Wirkung der Sitzung beiträgt. Wenn sie nicht ganz nackt ist, sollte sie zumindest von der Taille abwärts nackt sein, damit ihr Po zur Schau gestellt wird. Wie Sie wahrscheinlich bereits bemerkt haben, ist die Zurschaustellung ihres gezüchtigten roten Hinterns ein wesentlicher Bestandteil der Corner Time. Dies gilt auch für die Position, die sie dabei einnehmen muss.

Manchmal verlangt ein Dom von seiner Sub, dass sie ihre Beine weiter auseinander hält. Zum Beispiel muss sie möglicherweise mit schulterbreit auseinander stehenden Füßen oder noch weiter auseinander stehen. Der Zweck ist, die Bereiche zwischen ihren

Beinen freizulegen und (wenn sie mit ihren Füßen weiter auseinander stehen muss) den Bereich zwischen ihren Gesäßbacken freizulegen. Offensichtlich kann dies für sie aufgrund ihrer extremen Blöße und Verletzlichkeit in dieser Position sehr demütigend sein. Viele Subs empfinden diese Position als sehr peinlich, aber selbst diejenigen, die sie nicht als peinlich empfinden, mögen sie dennoch als ziemlich demütigend empfinden, wenn ihr Dom auch ihr Geschlecht sehen will. Auch dies ist alles Teil des gewünschten Effekts der Corner Time. Dieser Effekt wird verstärkt, wenn ihr Dom für die gesamte Dauer ihrer Eckzeit bei ihr im Raum bleibt und sich gegebenenfalls mit einem Drink in einen Sessel setzt, um sie anzuschauen und sein Werk zu betrachten.

Corner Time ist eine hervorragende Gelegenheit zum Schelten. Nur weil das Spanking vorbei ist, heißt das noch lange nicht, dass sie keine zusätzliche Schelte mehr erhalten kann. Manchmal weint eine Sub während ihrer Lektion nicht, sondern wird erst durch effektives Schelten während ihrer Eckzeit zu Tränen gerührt. Es muss nicht einmal hartes Schimpfen sein - manchmal sind es nur ein paar leise Worte, wie sehr sie sich hat gehen lassen und wie sehr sie ihren Dom enttäuscht hat. Das kann ausreichen, um eine Sub zu Tränen zu bringen, wenn sie in der Ecke steht. Wenn sie besonders ungezogen war und besonders schwer bestraft wurde, kann es sein, dass ihr befohlen wird, ihre Augen beim Weinen nicht mit den Händen oder Armen zu trocknen. Das Gefühl der Tränen, die über ihr Gesicht und auf ihre Brust fließen, kann als Disziplin an sich sehr demütigend und effektiv sein.

Schelten ist nicht das einzige, was passieren kann, wenn eine Sub in der Ecke steht. Diese Eckzeit ist auch eine Gelegenheit, ihr ein paar Extraschläge zu geben, die mit einigem Schimpfen durchsetzt sein könnten. Ihr Hintern sollte gut sichtbar sein, wenn sie sich in einer Ecke befindet. Es ist daher eine einfache Sache, zu ihr zu gehen und ihr mit einer Hand (oder einem Paddel oder einem Gürtel) mehrere Schläge auf den Hintern zu liefern, wenn der Dom glaubt, sie braucht eine weitere Lektion in Unterwerfung oder Gehorsam. Diese zusätzlichen Schläge, die ihr während der Eckzeit verabreicht werden, können sie sehr effektiv an ihre Verpflichtungen zu ihrem Dom gegenüber erinnern. Aufgrund der unterschiedlichen psychologischen Erfahrung von Corner Time im

Vergleich zu ihrer tatsächlichen Bestrafung können einige Schläge, die während der Corner Time gegeben werden, eine große Bedeutung haben und sich daher sehr positiv auf ihre Haltung auswirken.

Warum sollte eine Sub Corner Time bekommen? Was sind die Gründe für die Verwendung von Corner Time in einer Beziehung der Domestic Discipline? Was sind die Auswirkungen von Corner Time, die für die disziplinierte Sub so vorteilhaft sind? Es gibt viele verschiedene Effekte und Gründe für die Verwendung von Corner Time.

Disziplin

Das erste ist, dass Corner Time eine Disziplin für sich ist. Obwohl es nicht unbedingt um Spanking geht, setzt es die Disziplinarsitzung und den Disziplinarprozess fort. Ohne Corner Time würde die Sub sich einfach umziehen und ihren Tag oder Abend fortsetzen. Die Eckzeit ist jedoch eine Erweiterung der Disziplinierung, da sie in der Ecke vor ihrem Dom stehen und eine gewisse Zeit dort bleiben muss. Sie würde nicht von selbst in der Ecke stehen. Es ist eine Disziplin, die ihr von ihrem Dom auferlegt wird und der sie sich unterwerfen muss. Auch wenn die Corner Time nicht den Schmerz eines Spankings hat, ist es für einige Subs überwältigender, über sich nachzudenken als eine weitere körperliche Bestrafung und kann emotional sehr intensiv sein. Einige Subs werden sich daher eher einem Spanking unterwerfen als einer Corner Time.

Der demütigende Effekt

Der Hauptgrund für diesen Unterschied in der Unterwerfung ist, dass Corner Time auch für die Sub zutiefst demütigend ist. Es ist in gewisser Weise eine viel größere Prüfung ihrer Unterwerfung und ihres Gehorsams gegenüber ihrem Dom, als sogar ein Spanking, das körperlich viel schmerzhafter ist. Die Schwerkraft und der starke Arm ihres Mannes neigen dazu, eine Sub während des Spankings an Ort und Stelle zu halten. Während der Eckzeit gibt es jedoch nichts, was eine Sub in dieser Ecke halten könnte, außer ihre eigene Unterwerfung und ihren Gehorsam gegenüber dem Willen ihres Mannes. Sie muss sich also ihren eigenen inneren Dämonen stellen und sie besiegen, um länger als eine oder zwei Sekunden dort zu bleiben. Sie muss den Teil von ihr überwinden, der sie auffordert, den Raum zu verlassen, den Befehl ihres Doms zu ignorieren und ihre Freiheit wiederzugewinnen. Dies kann in einigen Fällen einen großen internen Kampf für die zu disziplinierende Sub bedeuten.

Die demütigende Wirkung von Corner Time ist einer der Hauptvorteile für sie. Natürlich soll ein schmerzhaftes Spanking auch demütig sein. Corner Time ist dagegen nicht besonders schmerzhaft, sodass sich die Sub der Macht bewusst wird, dass sie auf eine Weise gedemütigt wird, wie es die Hiebe niemals getan haben. Corner Time verlangt von ihr, dass sie aktiv an ihrer eigenen Disziplinierung teilnimmt, denn nur wenn sie sich dem Willen ihres Doms unterwirft, kann sie in dieser Ecke stehen bleiben.

Eine Sub fühlt sich aus verschiedenen Gründen von der Corner Time gedemütigt. Die Forderung, die ihr Dom verlangt, ist llein der erste demütigende Aspekt. Die Tatsache, dass sie seinem Befehl gehorchen muss, ist für sie ebenfalls demütigend. Die Tatsache, dass sie wie ein ungezogenes Kind behandelt wird, ist für eine Sub ebenfalls zutiefst demütigend, aber in disziplinarischer Hinsicht sehr effektiv. Dies sind starke psychologische Ursachen für Demut. Aber auch die physikalischen Faktoren sind von Bedeutung. Sie muss in der Ecke stehen, total nackt, mit ihrem gerötetem Hintern, der für ihren Dom völlig sichtbar ist. Natürlich ignoriert dies die Tatsache, dass er gerade einen genaueren Blick auf ihren Hintern hat, da er derjenige war, der ihn gezüchtigt hat. Diese Tatsache mindert für viele Subs nicht die demütigende Wirkung, in der Ecke ausgestellt zu werden, so dass der Beweis für ihr schlechtes Benehmen und die daraus resultierende Disziplin sehr offensichtlich ist.

Ein weiterer wichtiger Grund für die Verwendung von Corner Time ist, dass dadurch das Spanking einer Sub verschärft werden kann. Einige Subs können nicht mehr als eine bestimmte Anzahl von Schlägen verarbeiten, ohne so laut zu weinen, dass ihr Dom beginnt, um ihr Wohlbefinden zu fürchten. Dieses Verhalten kann ihn daran hindern, ihr so viele Schläge oder Peitschenhiebe zu geben, wie sie wirklich braucht, um richtig diszipliniert zu werden. Diese Art von Sub muss möglicherweise ihr Spanking auf zwei oder mehr Sitzungen verteilt erhalten, damit sie eine spürbare Bestrafung erhalten kann, die sich zu der Gesamtmenge an Disziplin addiert, die sie tatsächlich benötigt, um ihre Haltung richtig anzupassen, bis sie vollständig korrigiert ist. Was zwischen diesen Spankings stattfindet, ist natürlich die Eckzeit. Dies gibt eine Pause, die es der Sub ermöglicht, zu Atem zu kommen und sich zu sammeln.

Eine liebende Domestic Discipline-Sitzung könnte damit beginnen, dass die Sub ein gutes Spanking erhält, bis sie nach Ansicht ihres Doms nicht mehr kann. Zu diesem Zeitpunkt befiehlt er ihr, für eine gewisse Zeit Corner Time. Dann, wenn der Dom entscheidet, dass es angebracht ist, kann sie aus der Ecke zurückgerufen und für eine weitere Spankingrunde über sein Knie gelegt werden. Dies ist normalerweise ausreichend, aber wenn dies nicht der Fall ist, kann eine weitere Sitzung der Eckzeit, gefolgt von einer weiteren Lektion über seinem Knie, leicht zu ihrer Disziplinierung hinzugefügt werden. Da Corner Time auch eine Disziplin für sich ist, bietet es eine nützliche und effektive Pause zwischen dem eigentlichen Spanking. Durch das Ermöglichen eines längeren und härteren Spankings für eine Sub, die normalerweise nicht so viel aushalten kann, erreicht die Corner Time auch eine weitaus effektivere Disziplinierung. Dies liegt daran, dass die Corner Time eine effektivere Verinnerlichung des Spankings ermöglicht, was die Wahrscheinlichkeit erhöht, dass die Sub zu Tränen gerührt wird.

Gelegentlich kann eine Sub dazu gebracht werden, in der Ecke zu stehen und zur Mitte des Raumes zu schauen, anstatt in die Ecke zu schauen. Der Grund, warum ihr Dom ihr befiehlt, dies zu tun, ist, dass er vielleicht sehen möchte, ob sie weint oder nicht, oder ob sie bereits weint, um sicherzustellen, dass ihre Tränen und hoffentlich ihre Reue und Buße sichtbar sind und offensichtlich. Sichtbar vor ihm zu weinen kann für sie auch sehr demütigend sein und ein nützlicher Teil ihrer Disziplinierung sein.

Sie zu Tränen zu bringen ist ein wirklich wichtiger, vielleicht sogar der notwendigste Teil der liebenden Domestic Discipline, um eine für den Dom befriedigende Disziplinierung zu erreichen. Es ist leicht für den Dom, der stehenden Sub mit dem Stock oder der Peitsche ein paar weitere äußerst schmerzhafte Hiebe zu verabreichen, die es der Sub erleichtern, ihre Schuld unter Tränen einzusehen und Besserung zu geloben. Eine weinende und Besserung versprechende Sub wird ihren Dom sehr schnell gnädig stimmen, da die Tränen echte und glaubhafte Reue zeigen.

Ein weiterer guter Grund für die Verwendung von Corner Time ist, dass es der Sub eine gute Gelegenheit bietet sich auszuweinen, nachdem ihr Spanking beendet sind. Es hält sie in der Stimmung des Spankings, da Corner Time selbst eine Form der Bestrafung ist. Dies hilft ihren Tränen weiter zu fließen, wenn sie bereits begonnen haben. Wenn sie noch nicht angefangen hat zu weinen, können manchmal ihre Gedanken und Gefühle während der Eckzeit helfen, sie zu Tränen zu bringen. Andererseits kann die Schelte, die sie während der Eckzeit von ihrem Dom erhält, der Auslöser für den Fluss ihrer Tränen sein. Es kann sogar das Gefühl von Demut sein, das sie empfindet, wenn sie dazu gebracht wird, nackt in der Ecke zu stehen, die sie zum Weinen bringt. Was auch immer die Ursache ihrer Tränen sein mag, Corner Time ist eine einmalige Gelegenheit für sie, sich über das erhaltene Spanking und ihr schlechtes Benehmen bewusst zu werden. Normalerweise hat sie während der Eckzeit viel Zeit zur Verfügung, sodass sie sich keine Sorgen machen muss, dass ihr Weinen durch andere Aufgaben unterbrochen wird.

Für eine DD-Sub ist es ein Muss, Tränen zu vergießen, die ihr helfen, sich wirklich diszipliniert zu fühlen. Beim Spanking und der anschließenden Corner Time ist es nicht erforderlich, viel Kraft aufzuwenden, um sie zu Tränen zu bringen. Nur die Vorwürfe zu wiederholen und das verbale Schimpfen reichen normalerweise aus, um die Tränen einer wirklich unterwürfigen Sub in Gang zu setzen. Die meisten Doms hören entweder auf, wenn die Sub zu weinen beginnt, oder bringen sie nie zum Weinen. Sie müssen aber über den Punkt hinausgehen und sie zum Weinen bringen, damit die gewünschte Freisetzung der Emotionen eintritt. Für neue Doms braucht es viel Liebe und emotionale Stärke, um seine Sub richtig zu bestrafen und zu Tränen zu bringen.

Indem Sie Ihre Sub zu Tränen rühren, erlauben Sie ihr, den Stress, der sich seit ihrer letzten Bestrafung aufgebaut hat, abzubauen und sie zu befreien, damit sie sich Ihnen unterwirft. Tränen bei der Corner Time sind auch ein großartiger Indikator dafür, dass Ihre Sub richtig bestraft wurde, was dazu beiträgt, ihre Sturheit und ihren weiblichen Widerstand gegen ihren Dom zu beenden und die positivere, süßere Unterwerfung hervorzuheben, die sie fühlen wird.

Viele Subs werden zugeben, dass sie, wenn sie zu Tränen gerührt werden, Erleichterung und Liebe verspüren, weil sie wissen, dass ihr Dom bereit und stark genug ist, sie für ihre

Handlungen zur Verantwortung zu ziehen. Wenn eine Sub dies zugibt, gibt sie auch zu, dass sie ihren Dom und seine Entscheidungen respektiert. Wenn sie bestraft wird, geschieht dies niemals aus Wut, sondern aus Liebe und der Verantwortung, die ihr Dom trägt.

Tränen nach einem Spanking sind Schmerztränen und ganz natürlich. Die zweite Tränenmenge rührt von dem demütigenden Effekt her, der auftritt, wenn sie sich der Strafe der Corner Time unterwirft.

Einige Subs fangen schon vor dem Spanking an zu weinen, weil sie merken, dass sie richtig bestraft werden, und sie denken an den Schmerz, der folgen wird. Wenn eine Sub anfängt zu weinen, während sie hart gespankt wird, heißt das nicht, dass sie gegen die Bestrafung ist. Nein, dies bedeutet, dass das Spanking den gewünschten Effekt hat, den disziplinarischen Wert liefert und korrigierendes Verhalten erzeugt, das sie braucht.

Die meisten Männer neigen dazu, nur zur Bestrafung nach einem Spanking eine Corner Time zu verordnen. Dabei eignet sich die Corner Time auch hervorragend zur Korrektur bei kleinen Verfehlungen. Allein, sie nackt eine Zeitlang in der Ecke stehenzulassen und ihr nahezulegen, darüber nachzudenken, was sie gerade gemacht hat, besitzt einen erzieherischen Wert.

Ein weiterer wichtiger Grund dafür, dass Corner Time in einer Sitzung der Domestic Discipline sehr hilfreich und effektiv ist, besteht darin, dass die Sub zum Nachdenken gezwungen wird. Wenn sie zum ersten Mal in der Ecke steht, ist sie möglicherweise zu beschäftigt, zu schluchzen und sich der Schmerzen in ihrem Hintern bewusst zu werden, um an etwas anderes zu denken. Aber nach ein paar Minuten ist es vorbei. Aus diesem Grund dauert die Eckzeit in der Regel mindestens zehn Minuten und oft bis zu einer Stunde oder sogar länger. Zu Beginn müssen einige Minuten vergehen, damit sie über das Weinen hinwegkommt und die körperlichen Schmerzen des Spankings für sie auf ein handhabbares Maß absinken können.

Corner Time kann für die Sub eine Art erzwungene Reflexionsphase sein. Sobald sie aufgehört hat zu weinen (wenn sie bereits weint), wird sie mit der Realität ihrer selbst konfrontiert. Die Ecke selbst ist normalerweise ziemlich langweilig. Es bedeutet! Die

Ecke ist ein langweiliger Ort. Wenn eine Sub an einen langweiligen Ort gebracht wird, ist sie gezwungen, in sich selbst zu gehen, weil es keinen anderen Ort gibt, an den sie gehen kann. In der Ecke sind normalerweise keine Bilder zu sehen, daher gibt es nichts besonders Interessantes. Also muss sie nachdenken. Dazu sollte sie von ihrem Dom aufgefordert werden. Es hilft auch, wenn vor ihr an der Wand eine Peitsche aufgehängt wird, die sie anblicken muss.

Was denkt sie darüber nach? Normalerweise denkt eine Sub, die eine Corner Time erlebt, nicht über Lebensmittel oder Renovierungsprobleme nach. Sie denkt über den Schmerz der Peitschenhiebe nach, die sie gerade erhalten hat. Sie denkt darüber nach, dass sich ihr Hintern anfühlt, als stünde er in Flammen. Sie denkt an die Tränen, die über ihr Gesicht rinnen, die Tränen, die sie nicht abwischen darf. Sie denkt darüber nach, wie elend sie ist. Vielleicht wundert sie sich sogar, warum sie einen so grausamen Mann wie ihren Ehemann geheiratet hat, der nichts dagegen hat, das sie in einen solchen Zustand versetzt wird.

Sobald sie diese anfänglichen Gedanken verarbeitet und irgendwelche Rachephantasien gegen ihren Dom hegt, denkt eine Sub höchstwahrscheinlich an den Grund (oder die Gründe) für ihre Bestrafung. Sie könnte an die Umstände zurückdenken, die zu ihrer Disziplinlosigkeit geführt haben, und sich wünschen, sie hätten nie stattgefunden. Sie könnte sogar genau den Moment ausmachen, in dem sie die fatale Entscheidung getroffen hat, die direkt zu ihrer Domestic Discipline-Sitzung und ihrer Anwesenheit in der Ecke im Moment geführt hat. Dies ist genau das, was während der Eckzeit passieren soll.

Sie kann auch über ihre eigene Verantwortung für ihre Disziplin nachdenken. Sie mag sich fragen, warum sie es sich erlaubt hat, sich auf so alberne Weise schlecht zu benehmen, sich auf eine Weise zu benehmen, die für eine oder mehrere Personen schädlich ist, auch für sich. Sie mag sich fragen, warum sie sich so einen dummen Fehler machen ließ. Und wenn sie es noch nicht bemerkt hat, kann sie anfangen, emotionale und intellektuelle Verantwortung für ihre Handlungen zu übernehmen. Einer Sub die Verantwortung für ihre eigenen Worte und Handlungen beizubringen, ist einer der Hauptvorteile der Domestic Discipline. Wir leben in einer Welt, in der wir immer mehr Rechte haben und dennoch bestrebt sind, uns unserer

Verantwortung zu entziehen. Anwälte sollen Menschen dabei helfen, ihrer Verantwortung zu entkommen. Eine Sub mag eine ganze Reihe von Argumenten haben, warum sie bei schlechtem Benehmen ertappt wurde. Letztendlich sind sie jedoch in der Regel genauso relevant wie eine ganze Reihe legalistischer Argumente zu Rechtsfragen. Am Ende ist sie verantwortlich. Und mit ihrer Verantwortung gehen Konsequenzen einher. Ihre Konsequenz ist Domestic Discipline und das damit verbundene schmerzhafte Spanking und die Eckzeit.

Indem die Sub während der Eckzeit über ihre schädlichen Handlungen oder Worte nachdenkt, kann sie allmählich beginnen, Verantwortung für sich übernehmen. Sie kann die Abfolge der Ereignisse, die zu ihrem unverantwortlichen Fehlverhalten geführt haben, das ihr, ihrem Dom oder anderen Menschen in irgendeiner Weise geschadet hat, mental verarbeiten. Sie kann anfangen zu verstehen, dass sie verantwortlich ist, dass sie nicht von einem bösen Geist besessen war, der sie schlecht benahm, oder zu schlechtem Benehmen getrieben wurde.

Wie bereits erwähnt, bietet Corner Time auch eine gute Gelegenheit zum Schelten. Dies hilft, die Sub daran zu erinnern, was sie falsch gemacht hat und wie sie sich in Zukunft verhalten sollte. Diese Schelte kann ihr unter anderem helfen, ihre Verantwortung für ihre eigenen Worte und Handlungen und die daraus entstehenden Verletzungen zu erkennen.

Corner Time ist auch eine Gelegenheit für den Dom, sich ihren Hintern genau anzuschauen, um zu sehen, ob er gleichmäßig und gründlich gezüchtigt wurde. Wenn er ein Zuchtinstrument wie einen Ledergürtel benutzte, stellte er möglicherweise fest, dass er eine Seite ihres Pos bevorzugt hat, anstatt beide Pobacken gleichmäßig zu versohlen. Oder er kann sehen, dass er zugelassen hat, dass sich der Gürtel um ihren Po schlängelt und gegen ihre Hüfte stößt, was nicht wünschenswert ist, da das Spanking nur auf den Po der Sub beschränkt werden sollte. Diese Prüfung der Ergebnisse der Disziplin ist für den Dom sehr nützlich und sollte durchgeführt werden, wenn er seiner Sub eine Eckzeit auferlegt. Es hilft ihm, seine Technik für zukünftige Disziplinierungen zu verfeinern, und es sagt ihm auch, ob er sich später mehr auf ihre andere Gesäßseite konzentrieren muss, wenn er vorhat, ihr nach der Pause in der Eckzeit eine weiteres Spanking aufzuerlegen.

Wie soll Corner Time durchgeführt werden?

Nun, es ist wirklich ziemlich einfach. Der Dom fordert seine Sub auf, sich für eine bestimmte Zeit in die Ecke zu stellen oder bis er ihr sagt, dass sie gehen kann. In jedem Fall sollte er derjenige sein, der sie aus der Ecke befreit. Wenn sie auf ihre Uhr oder eine Uhr im Raum schaut, hat sie eine visuelle Flucht vor der Monotonie der Ecke, was nicht passieren sollte. Corner Time soll ihre Aufmerksamkeit auf sich selbst richten, nicht auf Zeitmesser.

Der Dom sollte bezüglich der Eckzeit streng sein. Er sollte keine Missachtung oder Ungehorsam vor, während oder nach der Eckzeit seiner Sub dulden. Wenn sie Anzeichen dafür zeigt, dass sie es nicht ernst nimmt, sollte er erwägen, sie erneut über sein Knie zu ziehen und ihr eine Disziplinierung gegen den Ungehorsam geben, um ihre Leichtfertigkeit zu entmutigen, bevor er sie frisch geschlagen und weinend, in die Ecke zurückbringt. Er muss sicherstellen, dass sie Corner Time als eine Periode erzwungener Selbstreflexion betrachtet, nicht als eine Gelegenheit für Ungehorsam.

Einige Doms verlassen den Raum während der Eckzeit, weil sie andere Dinge zu tun haben. Dies ist in Ordnung, solange er von Zeit zu Zeit in den Raum zurückkehrt, um zu überprüfen, ob die Sub noch gehorsam in der Ecke steht. Wenn er sie für eine Stunde verlässt und sie sicher ist, dass er nicht zurückkehren wird, könnte sie versucht sein, sich auf den Boden zu setzen oder gar woanders hinzugehen. Offensichtlich zerstört dies das beabsichtigte Ergebnis ihrer Eckzeit vollständig und sollte daher stark bestraft werden. Wenn er in verschiedenen Abständen zurückkommt, um nach ihr zu sehen, wird sie nie erfahren, wann er in den Raum schauen wird. Daher wird sie verpflichtet sein, wie befohlen in der Ecke zu bleiben, anstatt seine Anweisungen zu missachten. Wenn ein Dom seine Sub überprüft und feststellt, dass sie nicht mehr in der Position ist, in der er sie verlassen hat, sollte er ihr natürlich ein paar weitere schmerzhafte Hiebe auferlegen, damit sie in der noch immer geltenden Corner Time Gehorsam und Disziplin lernt.

Wann sollte die Eckzeit eintreten?

Manchmal schickt ein Dom seine Sub ins Schlafzimmer und fordert sie auf, in der Ecke auf ihn zu warten. Dies ist ein Beispiel für eine Eckzeit, die bereits vor dem Beginn des Spankings stattfinden kann. Einige Männer fordern die Sub möglicherweise auf, ins Schlafzimmer zu gehen, sich auszuziehen und in der Zimmerecke zu stehen, wobei die Nase in die Ecke gedrückt und die Hände hinter dem Kopf verschränkt sind um auf ein angekündigtes Spanking zu warten. Das ist ein klassisches Beispiel für eine erzieherische Zeit vor dem Spanking bei der Domestic Discipline. Nackt auf die Bestrafung warten zu müssen ist sehr demütigend.

Die Eckzeit kann natürlich mitten in einem Spanking stattfinden, wo sie als Pause zwischen den Disziplinarsitzungen fungiert, damit die Sub Zeit hat, Luft zu holen und darüber nachzudenken, was sie getan hat, was sich bisher ereignet hat und warum sie jetzt einen schmerzenden Po hat.

Corner Time findet aber meistens statt, nachdem das Spanking beendet ist. Manchmal umarmt, tröstet und trocknet der Dom die Tränen seiner Sub, bevor er sie in die

Ecke schickt, und manchmal steckt er sie für eine Weile in die Ecke, bevor er sie in seine Arme nimmt und sie tröstet und verzeiht. Jeder Ansatz ist in Ordnung. Die Wahl der richtigen Methode hängt von der Sub und der Schwere der Bestrafung ab, die sie erhalten hat. Ein Dom sollte einigermaßen organisch, flexibel und einfühlsam sein, wenn er seine Sub diszipliniert, damit er jederzeit am besten wissen kann, wie er sie behandeln soll. Die liebevolle Verbindung zwischen beiden, die durch liebende Domestic Discipline gestärkt wird, hilft ihm zu wissen, was sie fühlt. Wenn er jedoch Zweifel hat, muss er sie einfach fragen, um herauszufinden, was sie fühlt und denkt. Dann hat er alle Informationen, die er braucht, um sie zu disziplinieren und zu trösten.

Es gibt eine verbreitete Methode, eine Corner Time zu verschärfen. Das ist das Figging (siehe das Kapitel Figging). Figging ist eine Praktik in der Domestic Discipline, bei der ein vorbereitetes Stück Ingwer, ähnlich wie ein Zäpfchen oder ein kleiner Analplug in den Anus der Sub eingeführt wird. Ein solches Ingwerzäpfchen der Sub zu einer Corner Time in den Anus einzuführen, erhöht die nachlassenden Schmerzen des Spankings und lässt der Sub über lange Zeit ein brennendes Gefühl im Anus entstehen. Ganz sicher wird die Sub die Corner Time als eine höllische Tortur empfinden, heftig weinen und versuchen, das Zäpfchen zu entfernen. Um das zu verhindern, sollte sie bei dem Versuch gepeitscht werden oder aber ihre Handgelenke auf der Vorderseite gefesselt sein. Die brennende Wirkung hält ca. 30 Minuten an und besitzt damit einen unübertroffenen erzieherischen Wert, der die Sub handzahm werden lässt. Viele Doms lieben diese Art der Erziehung, da sie ohne aktiv zu werden, zusehen können, wie die verzweifelte Sub versucht, durch abwechselndes Anheben der Füße, das Brennen einzudämmen, was aber in Wirklichkeit durch die tanzende Bewegung verstärkt und dadurch eine solche Corner Time sehr zufriedenstellend macht.

Der erotische Aspekt der Corner Time sollte nicht vernachlässigt werden.

Viele Doms sind von dem Anblick der nackten oder halbnackten, weinenden Sub mit ihrem geröteten Hintern erregt. Da die Sub ihre Schuld gebüßt und Besserung versprochen hat, sollte er ihr seine Liebe zeigen, dass er sie attraktiv findet und Verlangen nach ihr verspürt. Er sollte vor ihr hintreten, ihre Tränen küssen, sie in den Arm nehmen, an sich drücken und sie auffordern, ihm ihren Dank für die notwendige Züchtigung zu sagen oder zu zeigen. Hat sie ihre Einsicht in die Notwendigkeit der Bestrafung mitgeteilt und ihren Dank für diese Korrekturmaßnahme gezeigt, darf er sie küssen, vorsichtig ihre Brüste kneten und mit der Hand zwischen ihre Schenkel gleiten und ihren Kitzler streicheln. Er sollte der Sub zu erkennen geben, dass er ihr alles vergeben und nach wie vor heißes Verlangen nach ihrem Körper hat. Auch kann die Sub während der Corner Time auf die Knie sinken und ihrem Dom mit einem Blowjob ihren Dank für eine gerechte Bestrafung zu erkennen geben. Damit zeigt sie ihm ihre gehorsame Hingabe und ihre Bereitschaft, ihm volle Befriedigung seines sexuellen Verlangens zu schenken und meistens endet die Corner Time dann mit dem Weg ins Bett zu einem versöhnenden Liebesakt.

Fazit

Obwohl Corner Time nicht für jedes Paar, das Domestic Discipline praktiziert, ein obligatorischer Bestandteil der Erziehung ist, ist es für viele Paare sicherlich ein sehr nützlicher Bestandteil des Disziplinarverfahrens.

Wenn Sie derzeit Domestic Discipline üben, während der Disziplinarsitzungen jedoch keine Corner Time verwenden, kann es sich lohnen, zusammenzusitzen und miteinander zu diskutieren, ob dies eine sinnvolle Ergänzung zu einem normalen Spanking wäre. Viele Subs empfinden Corner Time als sehr reinigend und positiv.

Erziehungs- und Disziplinierungsinstrumente

Tagebuch (Discipline and Fuck Diary)

Wir empfehlen, dass die Sub ein spezielles Tagebuch führen muss. Es ist ein äußerst hilfreiches und wirksames Mittel bei der Erziehung, das eine Sub schon nach wenigen Wochen sensibilisiert, die Wünsche ihres Doms zu erfüllen.

Ein Dom sollte von seiner Sub verlangen, dass sie in dem besonderen Diary jede Züchtigung und folgende spezielle Liebesdienste am nächsten Tag beschreibt. Wenige Sätze genügen, aber er sollte auch verlangen, dass sie ihre Gedanken mit den Worten beschreibt, die auch während des Spiels gebraucht werden, also die obszönsten Ausdrücke.

Sie niederzuschreiben hat einen nachhaltigen erzieherischen Wert. Nicht umsonst nennen es viele Paare Fickbuch. Die Sub soll ihre Empfindungen ausdrücken, die sie bei einer Züchtigung oder ernsten Bestrafung erlebt hat, mit welchem Instrument sie gezüchtigt wurde, wie viele Hiebe sie erhalten hat und wie sie gewirkt haben. Ferner soll sie beschreiben, wie sie bei einem Liebesspiel genommen worden ist, wie sie mit ihrem Körper dienen musste und welche Körperöffnungen ihr Dom genutzt hat. Das ist unbestritten sehr erzieherisch. Wir wissen von vielen Frauen, dass sie froh sind, ein solches Buch schreiben zu müssen.

Es befreit sie und die Dom's sind sehr angetan davon. Der tiefere Sinn der Domestic Discipline ist das uneingeschränkte Recht des Doms auf besondere Formen des Sex. Die Erziehung in der Domestic Discipline ist Training zu außergewöhnlichen exquisiten Sex, den ein Dom will und dies ausführlich beschreiben zu müssen, erzeugt eine innere Spannung und Erregung.

Ganz wichtig ist es, von einer Sub zu verlangen, dass sie ihren Dank, wie sie seine Hiebe und Liebe empfangen hat, ausführlich formuliert. Damit kann sie ihrem Dom immer wieder ihr Einverständnis für ihre notwendige Erziehung und ihre Dankbarkeit für gerechte Bestrafungen zeigen. Insbesondere wenn eine nachhaltige Züchtigung oder eine gewaltsame Penetration sehr schmerzhaft und belastend waren, muss ein Dom darauf bestehen, den aufrichtigen Dank seiner Sub lesen zu können. Alle Subs werden sich durch das Führen eines Diarys mit der Zeit bewusst, wie wichtig ihre Erziehung mit notwendiger Disziplinierung ist und wie dankbar sie für den Erhalt der Liebe ihres Doms sein müssen.

Handspanking

Die geeignetste Variante für ein Handspanking ist die OTK oder Over the Knee (zu deutsch über dem Knie) Position.

Ein Handspanking eignet sich hervorragend zum Vorwärmen des Hinterns, bevor zur Züchtigung mit Instrumenten übergegangen werden kann, da es die Durchblutung anregt und so die Entstehung von starken Spuren eindämmt, wenn auch nicht verhindert.

Das Schlagen mit den Händen ist besonders für Einsteiger geeignet, da man selbst die Heftigkeit des Schlages spürt. Außerdem ist die Nähe zur Sub bei keinem anderen Schlaginstrument so groß, wie bei Schlägen mit der Hand.

Die Rute

Sie eignet sich wunderbar für Einsteiger, da der Kostenaufwand gleich null ist. Die benötigten blattlosen Zweige von der Birke, der Haselnuss oder der Weide sind in der freien Natur leicht zu besorgen. Das Schlagen mit den zu einem Bündel geflochtenen Zweigen wird im englischen *Birching* genannt.

Der Rohrstock

Rohrstöcke gibt es in verschiedene Varianten, geschält oder ungeschält in Dicken von 5 - 12 mm. Je dünner ein Rohrstock ist, umso intensiver ist der Schmerz den er erzeugt.

Paddel

Das Paddel, aus dem englischen: Paddle, aus Holz oder Leder gefertigt, hat eine recht große Fläche, sodass der Schlag weitaus weniger schmerzhaft ist. Man nimmt das Paddel auch gern als *Aufwärmer,* bevor der Rohrstock oder die Gerte zum Einsatz kommen.

Tawse

Eine sogenannte Tawse ist eine schottische Riemenpeitsche aus flachem Leder. Neben dem Griffbereich kann der flache Lederriemen von 40 bis 50 cm Länge aus einem Stück oder unterteilt aus zwei oder drei Lederzungen bestehen. Ein Spanking mit der Tawse ist – entgegen landläufiger Meinung – deutlich schmerzhafter als mit der Hand und einfacher.

Da ihr Gebrauch üblicherweise nicht zu Hautverletzungen führt, kann eine Tawse wesentlich nachhaltiger und häufiger als eine Reitgerte eingesetzt werden. Es gibt auch Tawsen mit vier oder fünf Zungen, aber eine zweizüngige Tawse ist in der Regel am schmerzhaftesten und damit eindrucksvoller. Mit einer schottischen Tawse besitzt man genau das richtige Instrument für das harte Spanking, das auch die widerspenstigste Frau zu einer braven Sub erzieht.

Peitschen

Sämtliche Peitschen bestehen aus einem Handgriff, einem oder mehreren beweglichen Strängen (engl. Tails), und einem oder mehreren dünnen Lederstreifen (engl. Lashes). Traditionell werden die meisten Peitschen aus Leder gefertigt, wobei der Handgriff meist aus Holz besteht und mehr oder weniger kunstvoll mit Leder verziert wird.

Peitsche ist mehr ein Überbegriff für eine ganze Reihe von unterschiedlichen Schlagwerkzeugen. Sie werden öfter mit Gerten verwechselt, die einen ganz anderen Aufbau haben, während generell der Einsatz *Peitschen* oder *Auspeitschen* genannt wird. Obwohl ein geübter Umgang mit Peitschen keine bleibenden Schäden hervorruft, sollte man bestimmte Bereiche des Körpers nie damit schlagen. Diese sind Kopf und Hals, die Wirbelsäule, die Lendengegend über Leber und Milz, und sämtliche Gelenke.

Die Tails einer Peitsche werden aus vielen dünnen Strängen miteinander verflochten. Einfache, einstriemige Peitschen (Single Tails) bestehen aus bis zu sechs, gute aus etwa acht bis 16 verflochtenen Strängen. Je mehr Stränge eine Peitsche hat, desto präziser ist sie.

Die zweite Art von Peitschen umfassen die mehrsträngigen oder mehrschwänzigen Peitschen. Sie werden nach der Anzahl der Stränge benannt: Siebenschwänzige, Neunschwänzige. Ihre kurze Bauweise (zwischen 20 cm bis 40 cm) macht sie für Wohnungen oder Schlafzimmer geeignet. Die Verletzungsgefahr der Sub ist bei ihnen geringer, da sie durch ihre Kürze nicht die hohen Endgeschwindigkeit der Single-Tails haben.

Eine Unterart der Peitschen im SM-Bereich sind Flogger. Sie werden aus weichen Materialien wie Wildlederriemen oder Latex- oder Kunststoffstreifen gefertigt. Die vielen Tails erzeugen einen hohen Luftwiderstand und klatschen hörbar beim Auftreffen.

Obwohl Peitschen durch ihr Aussehen

und ihre Historie im Kopf als schlimm empfunden werden, ist ihr Einsatz in der Domestic Discipline weit verbreitet und beliebt. Spankings oder Maintenances mit Peitschen werden meist sanft begonnen durch ein Aufwärmen der Haut, zum Beispiel durch die Hand oder Flogger, um die Durchblutung zu erhöhen, und erst nach diesen Vorbereitungen werden, im Zusammenspiel mit anderen Instrumenten, Single Tails oder Bullwhips angewendet. Neben der Erzeugung von leichten bis intensiven Schmerzreizen bei der Sub, kann eine kunstvoll geführte Peitsche auch Bewunderung während Vorführungen bei Zuschauern auslösen.

Leather Snake

Lederne Schlangen sind kurze geflochtene Peitschen, die extra für den Gebrauch beim OTK, dem über die Knie Spanking, gedacht sind. Sie sind sehr handlich und ermöglichen kurze beißende Hiebe aus dem Handgelenk heraus, was sehr praktisch ist, wenn der Po der Sub direkt vor ihrem Dom liegt. Sie sind meistens nur 60 cm lang, besitzen einen dicken geflochtenen Griff-Kopf und werden zum Ende hin dünner. Die sehr kompakten Snakes sind ideal für Anfänger zu bedienen und können die Reize in unterschiedlicher Intensität von sehr soft bis sehr hart hinterlassen. Ideal zum Anlernen und Aufbau einer Sub.

Flogger

Flogger sind eine Unterart von Peitschen. Meist handelt es sich bei einem Flogger um eine sehr kleine Peitsche, die aus mehreren einzelnen Riemen gefertigt wurde.

Diese kleine Peitsche ist zum einen gut geeignet, um sie stets mit sich zu führen und erlaubt spontane Outdoor-Auspeitschungen, da sie in jeder Handtasche einer Sub Platz findet. Zum anderen ist der Flogger auch ein beliebtes Mittel, um eine Peitschenerziehung mit Aufwärmübungen mittels Flogger zu starten. Seine Peitschenkraft kann gut reguliert werden und mehrere Striemen, die sanft geschlagen werden, erwärmen die entsprechende Körperregion. Deshalb eignet sich der Flogger auch für Ungeübte. Prekäre Körperstellen wie der Intimbereich können ebenfalls mit dem Leder-Flogger bearbeitet werden.

Martinet

Die Martinet, eine Floggerart, ist eine mehrriemige, kleine Peitsche, die ursprünglich aus Frankreich stammt. Die Martinet besteht aus einem Holzgriff und bis zu 20, meist aber 9 bis 12 dünnen Lederriemen mit einer Länge von 25 bis 30 cm aufweist. In französischen Familien gehörte die Martinet in der Vergangenheit zum festen Haushaltsinventar und war oft für alle sichtbar in der Küche an einem Haken in Sicht- und Greifweite aufgehängt. Eine andere Möglichkeit war, dass die Martinet im Eingangsbereich der Wohnung aufgehängt wurde, damit Besucher gleich erkennen konnten, dass in diesem Haushalt *Zucht und Ordnung* herrsche. Ob die Martinet, je nach Lederbeschaffenheit und -dicke, als potenziell noch schmerzhafter als der verbreitete Rohrstock, die Tawse oder als das verwendete Paddle beziehungsweise als der in der häuslichen Erziehung zum Einsatz kommende Gürtel oder Lederriemen gilt, ist vom persönlichen Schmerzempfinden abhängig. Die Martinet wird fast ausschließlich auf dem nackten Gesäß eingesetzt. Im Gegensatz zum Rohrstock oder zur Reitgerte hat die Martinet den Vorteil, dass beim Schlagen die Haut nicht blutunterlaufen wird oder gar aufplatzt und es somit nicht zu äußerlichen Verletzungen kommen kann. Die Martinet bewirkt zwar auch eine Rötung der getroffenen Hautfläche, die aber sehr schnell verschwindet und keine körperlichen Schäden hinterlässt.

Reitgerte

Die Reit- oder Dressurgerte ist das gebräuchlichste Erziehungsinstrument in der Domestic Discipline. Sie erzeugt bei Gebrauch brennende scharfe rote Striemen. Dabei variiert die Länge zwischen 70 und 80cm. Kürzere Gerten sind daher für das übers Knie legen bestens geeignet.

Die Springgerte hat die Form einer Reitgerte, ist kürzer und dicker und besitzt am Ende meistens ein großes ledernes Dreieck, die sogenannte Patsche. Ihre Schläge sind nicht so beißend wie die einer Reitgerte Da sie recht gedrungen und steif ist, kann man mit ihr sehr präzise schlagen. Die Patsche sorgt auch dafür, dass der Schlag mit ihr einen deutlichen akustischen Effekt hat.

Bullenpeitsche

Die wohl bekannteste einsträngige Peitsche ist die Bullenpeitsche (engl. Bullwhip). Sie wird in Längen von circa 1 m bis zu

3 m gefertigt. Bullenpeitschen in klassischer Form aus echtem, hochwertigem Leder sorgen für eindrucksvolle Szenarien und züchtigen die Sub sehr effektvoll. Sie ermöglicht zarte Bestrafungen und schmerzvolle Züchtigungen gleichermaßen. Ideal für Kenner und Geübte. Der Schlag mit einer Bullenpeitsche ist für eine Sub sehr schmerzhaft und führt leicht zu Verletzungen der Haut. Als Symbol für seine Dominanz wird die Bullenpeitsche gerne bei Bestrafungen eingesetzt und gibt dem Dom das gewünschte *machtvolle und gefährliche* Aussehen. Das echte Auspeitschen mit einer Bullenpeitsche bei einem Maintenance ist gefährlich, und sollte nur von einem erfahrenen Dom praktiziert werden. Zur Sicherung des Rückens und der Nierengegend, sollte die Sub dabei eine lederne Korsage tragen und fixiert sein, da die Schläge schnell blutende Striemen verursachen. Auch das Umschlagen, also das Herumschlagen um den Körper wird oft unterschätzt und nicht bedacht. Das herumschlagende Ende entwickelt durch den Schlag ein mehrfaches der eigentlichen Schlaggeschwindigkeit und ist deshalb besonders gefährlich.

Klammern

Eine Klammer ist ein Erziehungsspielzeug, das zumeist von Doms im Rahmen von Aussprachen oder zur Vorbereitung verwendet wird. Sie dient sowohl zur Bestrafung wie auch zum Lustgewinn. Klammern dienen dazu, empfindliche Körperteile wie Brustwarzen durch unterschiedlich stark angewandten Druck und Zug zu stimulieren. Eine einfache Form ist die Verwendung von Wäscheklammern. Speziell hergestellte Klammern für die Anwendung bei der Domestic Disciplin, sind oft paarweise mit einer Kette verbunden. Daran werden mitunter kleine Gewichte gehängt, um die Zugkraft zu erhöhen. Ein solches Vorgehen dient zugleich einer zusätzlichen Immobilisierung der geklammerten Person, da jede Bewegung einen zusätzlichen Nervenreiz auslöst. Klammern können bei einem Strafstehen in der Ecke nach einem Spanking die Einsichtigkeit der Sub in die notwendige Züchtigung fördern.

Nadelrad

Ein Wartenbergrad (auch Nadelrad nach Wartenberg oder Anästhesiometer nach Wartenberg) ist ein medizinisches Instrument für die neurologische Untersuchung der Schmerzwahrnehmung. Dabei wird das meist aus rostfreiem Stahl hergestellte Rad mit sternförmig angeordneten spitzen Stiften systematisch über die Haut gerollt. Wartenbergräder werden bei Erziehungslektionen häufig bei einer umfassenden Aussprache mit der fixierten Sub über ihr Verhalten benutzt.

Wachs

Kerzenwachs ist ein wunderbares Erziehungsmittel, mit dessen Hilfe man der Sub eine ästhetisch sehr ansprechende Erziehungslektion erteilen kann. Das Schöne an Wachs ist, dass es richtig angewendet, keine Spuren auf dem Körper hinterlässt und die Schmerzdosis durch die Wachsmenge und die Körperregion sehr genau reguliert werden kann.

Spielt man zum ersten Mal bei einer Erziehungslektion mit Wachs, ist es ratsam, sich vorsichtig an deren Limits heranzutasten. Auf jeden Fall gießt man der Sub nicht gleich einen Schwall über den Körper, sondern beginnt mit einigen wenigen Tropfen und achtet auf die Reaktionen. Lässt man das Wachs, aus großer Höhe, etwa 1 Meter, fallen, kühlt sich das Wachs schon ein wenig in der Luft ab. Da einzelne Wachstropfen auf der Haut sehr schnell auskühlen, fühlt sich das Auftreffen wie ein kurzer Stich an, wobei der Schmerz schnell abklingt. Einerseits kann es erzieherisch sein, wenn die fixierte oder gefesselte Sub verfolgen muss, wie die Kerze sich langsam nähert und weiß was kommt und es doch nicht verhindern kann.

Plugs

Ein Butt-Plug, auch Analplug genannt, ist ein Sexspielzeug zwischen Intimschmuck, Analschmuck und einem unterstützenden Erziehungsmittel bei einer Session der Domestic Discipline. Wie ein kleiner Dildo in Form eines männlichen steifen Gliedes wird er in den Anus eingeführt. Durch seine spezielle Form hält er von alleine. Der Schließmuskel umklammert den Schaft an seiner hinteren engsten Stelle und das größere Ende des Plugs verhindert ein Hineinrutschen des Plugs in den Anus. Es gibt Butt Plugs in verschiedenen Ausführungen. Die Größe, Farbe und Form aber auch das Material unterscheiden sich dabei sehr. Es gibt auch Plugs mit Vibrator und sogar mit einer Möglichkeit einen schwachen Strom durchfließen zu lassen. Eine weitere Variante sind Plugs aus Gummi, Latex oder Kunststoff zum Aufblasen. Eine weitere Variation sind Plugs die man auf- und zuschrauben kann. Man kann in den Plug z. B. heiße Flüssigkeit füllen, sozusagen eine Wärmflasche für den Po. Manche Menschen legen den Plug auch vor der Benutzung kurz in den Kühlschrank. Butt Plugs werden aus Kunststoff, Silikon, Jelly, Glas, Keramik, Stein, Holz, Edelstahl, Aluminium oder Messing hergestellt.

Plugs können zur Vorbereitung auf den Analverkehr und der sexuellen Stimulation dienen, aber auch als demütigendes Bestrafungselement für die fixierte Sub.

Ein guter Plug mit einem dicken spitz-förmigen Kopf lässt sich mit etwas Gleitcreme leicht einführen und sitzt durch eine ausgeprägte Verengung richtig fest, auch bei intensiven Auspeitschen. Soll eine Sub nach einer Züchtigung als Sexobjekt zum Analverkehr dienen, dann sollte sie vorher einen Anal-Plug eingesetzt bekommen. Ein Plug hilft dabei, den Anus zu weiten und gibt der Sub ein Fülle-Gefühl, das sie bei jedem Hieb spürt und sie erregt; und zwar solange, bis der Dom die Erziehungslektion beendet und in sie eindringen kann.

Es gibt hochwertige Butt Plugs die aus Edelstahl sind und eine Art Intimschmuck darstellen. Diese Plugs sind meist am hinteren Ende mit Steinen oder Juweliers Arbeiten verziert. Je nach Größe und Schaftdurchmesser sind sie kaum spürbar oder aber eben sehr spürbar. Teilweise sind diese Plugs am Kopf oder Schaft verziert, bilden die kraftvolle Eichel eines Gliedes mit Äderchen nach oder haben Rillen am Schaft zur Verstärkung der Erregung im Anus und haben eine spezielle dekorative Designform, welche mit einem Schmuckstück zu vergleichen ist. Natürlich sind diese Plugs um einiges teurer als die billigen Plastik Plugs, es sind kleine Kunstwerke, ein Analschmuck der gleichzeitig stimuliert. Manchmal nennt man solche Plugs auch Rosebud oder Crystal Rosebud. So ein Plug ist ein extravagantes und außergewöhnliches sexuelles Juwel. Es ist luxuriös, raffiniert, unkonventionell und es ist erotisch prickelnd, wenn die Sub den Plug schon vor der Bestrafung oder die Tage danach aus Erziehungsgründen durchgehend tragen muss. Die abgerundeten Formen sind angenehm, auch über längere Zeit zu tragen. Es zwickt und scheuert nichts. Ideal für Doms, die einen leichten sicheren Anal Plug für ihre Sub suchen, der wie ein Schmuckstück auch zum Ausgehen getragen werden kann und nicht nur zur Stimulation dienen soll, sondern zur mentalen Vorbereitung zu einer Bestrafung oder einem Maintenance. Wenn ein Dom von seiner Sub verlangt, einen Analplug zu tragen, um sie zum Dinner in ein führendes Restaurant auszuführen, kann dies allein schon eine befriedigende und wirksame Bestrafung sein. Der Analplug stellt für beide ein erfüllendes Erziehungsinstrument dar, insbesondere, wenn der Dom mehrmals während des Essens seine Sub über ihre Gefühle mit dem Plug ausfragt und sie damit auf ihre Aufgaben, ihm sexuell zu dienen, hinweist. Auch zu Hause ist eine ausführliche gemeinsame Aussprache mit einer plugtragenden Sub über ihre sexuellen Verpflichtungen zur erfüllenden Befriedigung ihres Doms empfehlenswert.

Es gibt noch eine äußerst wirksame Variante, eine Sub mit einem Analplug zu erziehen oder zu bestrafen, die wir in einem gesonderten Kapitel beschreiben möchten, das Figging!

Figging

Wer als Dom Anal-Sex liebt und seine Sub dazu erziehen will, wird in Figging genau das richtige finden! Es gibt anale Praktiken, die durchaus eine gewisse Verletzungsgefahr bergen, im Gegensatz zu solchen Sexpraktiken besteht beim Figging keine Verletzungsgefahr.

Figging ist eine Sexual- und Erziehungspraktik in der Domestic Discipline, bei der ein vorbereitetes Stück Ingwer, ähnlich wie ein Zäpfchen oder ein kleiner Analplug in den Anus der Sub eingeführt wird.

Die im Ingwer enthaltenen ätherischen Öle - Scharfstoffe, wie Gingerole und Shogaole - erreichen die Rezeptoren im Schließmuskel und in der Schleimhaut und dies führt zu einem fast sofortigen und anhaltenden Wärme- und Schmerzreiz, einem Brennen.

Figging ist zwar schmerzhaft, aber im Gegensatz zu mechanisch verursachten Reizen, wie etwa das manuelle Fisting, bei dem die ganze Faust in den Anus eingeführt wird, entsteht keine Verletzung, denn die Hitze und das Brennen sind nur gefühlt und von kurzer Dauer.

Figging kann als demütigende Form einer körperlichen Strafe empfunden werden; als solche ist die Praktik für Erziehungs-Spiele bei der Domestic Discipline reizvoll, auch zur Intensivierung des Straferlebnisses bei einer gleichzeitigen Züchtigung des Gesäßes. Zum anderen hat Figging den Nebeneffekt, die Durchblutung des Anus zu erhöhen, sodass die sexuelle Lust gesteigert und Orgasmen verstärkt werden können.

Die Wirkung des Ingwers baut sich innerhalb von etwa zwei bis fünf Minuten zu ihrem Höhepunkt auf und hält dann, auch nachdem der Ingwer wieder entfernt wurde, zwischen etwa 20 und 30 Minuten, im Extremfall einige Stunden an.

Zur Vorbereitung wird ein fingerdickes frisches Stück Ingwerwurzel mit einem Schälmesser geschält und in eine geeignete Form zurecht geschnitzt. Eine Analplug-ähnliche Form, ca. 5/6 Zentimeter lang mit einer Einkerbung zum Ende hin, bewirkt, dass das eingeführte Ingwerstück vom inneren und äußeren Schließmuskel gehalten werden kann.

Die äußere Schicht des Ingwers muss komplett abgezogen werden, damit sich die Öle im gesamten Anal-Bereich verbreiten können und das Figging besonders intensiv wird.

Tipp für Fortgeschrittene:

Figging bringt eine Menge Spaß, aber für manche Menschen sind die Empfindungen nicht stark genug, um den gewünschten

Effekt zu erzielen. Die Kraft von frischen, frisch geschnittenem Ingwer ist mäßig stark, aber manche Doms mögen eine etwas strengere Empfindung. Man kann dieses Gefühl bekommen, indem man den Ingwer fermentiert, bevor man ihn verwendet. Dazu nimmt man ein Stück Ingerwurzel und versiegelt es in einer Plastikfolie und kühlt es für drei oder vier Tage. Nachdem es mehrere Tage im Kühlschrank gelegen hat, nimmt man es aus der Plastikfolie. Wenn die Haut des Ingwers verfärbt ist oder Flecken darauf hat, keine Sorge; das ist völlig normal.

Schäle und schneide die Wurzel wie oben beschrieben. Ingwer, der fest in eine luftdichte Plastiktüte eingewickelt und einige Tage gekühlt wurde, wird viel stärker sein, und das Gefühl wird deutlich stärker sein. Experimentiere mit dem Alter für unterschiedliche Zeitspannen, um den Punkt zu finden, der am meisten Spaß macht!

Der Ingwer wird in der gewünschten Form aus der Knolle herausgeschnitten und dann von Hand als Analplug in den Anus des Partners eingeführt.

Das Brennen, das der Ingwer im Anus auslöst, ist etwas schmerzhaft – aber gerade das macht ja den erotischen Kick des Figgings aus.

Etwas Vorsicht ist beim Einführen geboten: Da bitte nicht zu grob vorgehen, sonst könnte der Anus verletzt werden. Gleitgel und zärtliches Massieren mit dem Finger vorweg können auch bei dieser Anal-Sexpraktik helfen. Außerdem sollte der Ingwer-Plug frisch geschält sein, damit er noch schön feucht ist.

Wichtig ist, dass die Ingwerknolle tatsächlich in Form eines Analplugs mit Stopper ist. Um den Ingwer Plug ganz locker herauszuziehen zu können, sollte man ein Ingwerstück mit einem Griff oder Ast nehmen und diesen dann beim Schälen nicht entfernen. Der Griff sollte mindestens 2 cm lang sein. An einem Ende des Stücks muss man ein gutes Stück Knolle stehen lassen, das einen wesentlich größeren Umfang hat. Dieses größere Stück dient dann als Stopper. Am besten lässt man an diesem Stück auch die Schale dran, so bleibt der Ingwer-Plug zum Entfernen griffiger. Hat das Ingwerstück keinen Stopper, kann es sonst passieren, dass man den Ingwer nicht mehr aus dem Anus herausbekommst. Die Kanten an der Knolle rundet man ab, damit das Einführen nicht wehtut.

Das durch die ätherischen Öle ausgelöste Brennen tritt bereits wenige Augenblicke nach dem Einführen ein. Auch nach dem

Entfernen des Ingwers wirken diese Öle noch nach, der Effekt kann darum bis zu einer halben Stunde anhalten.

Der Ingwerplug steckt im Anus zwischen dem inneren und äußeren Schließmuskel. Innerhalb kürzester Zeit erreicht er seine gewünschte Wirkung. Die ätherischen Öle des Ingwers erregen die Rezeptoren im Darm und verursachen damit ein empfundenes Gefühl der Wärme bei der Betroffenen. Der Körper setzt dann Endorphine ein, um dem Schmerz entgegenzuwirken. Außerdem wird die Durchblutung der Geschlechtsorgane stimuliert. Das kann den Orgasmus intensivieren.

Die entsprechende Erziehung zu einer Sub ist manchmal belastend, da damit eine möglichst exzellente Stufe der Liebeskunst und Erzeugung von Lustgefühlen erreicht werden soll. Figging ist eine weitverbreitete Erziehungsmethode in der Domestic Discipline, um eine Sub zu sensibilisieren, ihre Fügsamkeit zu fördern und Bestrafungslektionen zu verstärken. Mit dem Stück Ingwer im Po wird eine körperliche Züchtigung mit Rohrstock oder Peitsche erheblich mehr weh tun. Dieses Brennen verschlimmert sich, wenn die Frau bei Erhalt des Hiebes die

Pobacken um das Ingwerstück zusammenkneift. Es unterstreicht schmerzhafte Peitschenhiebe und dadurch wird sie versuchen ihren Po hochzuhalten und präsentiert ihn besonders unterwürfig.

Figging war seit der Zeit unter Queen Victoria in England sehr populär geworden. Das Einführen eines Ingwerstücks in den Anus eines Pferdes bei einer Pferdeauktion war eine althergebrachte Praktik der Pferdehändler und Züchter. Das Pferd bewegte so seinen Hintern lebendiger und höher. Dieser Brauch war schon immer unter allen pferdebegeisterten Männern im englischen Adel nicht nur in der Pferdehaltung, sondern auch im Schlafzimmer verbreitet; in anderen Worten, der Po sollte sich bei der Züchtigung so elegant wie möglich bewegen. Doch nicht nur Pferde und Ehefrauen wurden mit dem Brauch diszipliniert. Auch in elitären viktorianischen Privatschulen verbreitete sich die Erziehungsmethode. «Als Bestrafung für abweichendes Verhalten wurde Ingwer ins Rektum eingeführt und es erfolgten Hiebe auf die Pobacken der Schüler.» Diese Internate waren in Adelkreisen bekannt dafür, dass sie heiratsfähige Mädchen vermittelt, die mit strenger körperlicher Disziplin zur Devotion erzogen worden waren. Boarding

Schools, die Mädchen speziell älteren begüterten Witwern oder Geschiedenen als Bräute anboten, benutzen das Figging als Erziehungsmittel. Es gibt ein Originalschreiben einer solchen Boarding School aus Bramford bei Ipswich in Suffolk aus dem Jahre 1889. Darin wird offen damit geworben, dass die Schülerinnen durch eine strenge körperliche Disziplinierung mit Rohrstock und Figging zu zukünftigen hingebungsvollen Ehefrauen erzogen und sensibilisiert worden sind und damit für dominante Männer von Format, die ideale Ehefrau darstellen. Daher stammt auch die Bezeichnung Englische Disziplinierung, aus der sich die Domestic Discipline gebildet hat, wenn junge Frauen durch Züchtigung sensibilisiert werden. In der englischen Literatur gibt es aus dieser Zeit unzählige Werke, die detailliert das Figging beim Spanking zu einer lustfördernden Erziehung von Frauen beschreiben, die insbesondere in den höheren gesellschaftlichen Kreisen bei der Bestrafung von Dienstmädchen, Mätressen und Ehefrauen üblich war.

Ingwer-Sex ist für alle interessant, die sich durch Schmerz, sogenannten Lustschmerz, erregt fühlen. Diese Praktik wird vor allem bei einer Sub eingesetzt, um ihre sexuelle Libido auch bei einer schmerzhaften Bestrafung zu fördern und einen anschließenden Sexualakt für beide Partner zu steigern. Manche Subs können durch das Vermischen des brennenden Prickelns im Anus mit schmerzhaften Peitschenhieben auf dem Po sogar bis zum Orgasmus kommen. Das angenehm warme Gefühl, das der Ingwer in ihrem Po hinterlässt, wird ihr den heftigsten Orgasmus verschaffen, den sie erleben kann. Sie wird lernen, dass Figging nicht nur ihre Schmerzen, sondern auch ihre Belohnung erhöht.

Bei einem scharfen Peitschenhieb verkrampft sich die Sub, wodurch der Halt um die Wurzel enger wird und das unerträgliche Brennen sich noch verschlimmert. Daher muss sie sich schnell entspannen und ihren Po locker anheben und der Dom kann sie die nächste volle Wucht des Rohrstocks spüren lassen. Der tanzende Po einer Sub mit einem Ingwerplug ist ein besonderes Vergnügen für ihren Dom. Eine solche Lektion wirkt nachhaltig erzieherisch und verbleibt für lange Zeit im Gedächtnis einer ungehorsamen Sub.

Zum Training einer Sub empfiehlt es sich mit einem wöchentlichen OTK-über Knie Spanking zu beginnen und nach Einführen des Plugs mit der flachen Hand zu schlagen. Dabei sollen die Schamlippen ab und zu berührt werden, um die notwendige sexuelle Erregung zu steigern. Mit der Zeit kann bei Verwendung eines größeren Ingwerplugs und intensiveren Schlägen die Sub allmählich zum Orgasmus gebracht werden.

Eine notwendige echte Bestrafung oder ein Maintenance mit einer Peitsche wird mit einem Ingwer-Analplug in jeden Fall verschärft wirken.

Uns erreichte ein wundervoller Leserbrief von Hazel P., 34 Jahre alt aus Dallas, Texas, den wir Ihnen nicht vorenthalten wollen und daher in ganzer Länger abdrucken.

Hazel schrieb:

‚Ich wusste, dass ich dieses Mal eine harte Strafe erwartete, womöglich die schmerzhafteste, seit dem Jahr, in dem ich mit ihm zusammen bin. Mir war aber auch klar, dass ich das wirklich verdient hatte. Peinlich, ich hatte ihn in Gesellschaft von Freunden mit einer Bemerkung derart bloßgestellt, dass sein Kopf hochrot angelaufen war und ich wusste sofort, was auf mich zu Hause zukam.

In vorauseilendem Gehorsam hatte ich mich bereits vollständig ausgezogen, meine Bettdecke zusammengelegt und mich bäuchlings in das Bett gelegt. Mein Po war wie üblich angehoben und war bereit für die Strafe, mein Gesicht verschwand im Kopfkissen. Er ließ mich lange in dieser exponierten Position warten. Viel Zeit, um darüber nachzudenken, wie sehr ich ihn enttäuscht hatte. Ich ärgerte mich über mich selbst und die ersten bitteren Tränen der Frustration sickerten bereits in das Kissen, noch bevor er den Raum mit der Peitsche betrat. Schließlich hörte ich seine Schritte. Mein Magen krampfte sich zusammen, aus Angst über das, was mir nun bevorstand. Aber ich hatte mir vorgenommen, reumütig alles zu ertragen, was er für mich geplant hatte.

Er trat ans Bett. Ich drehte meinen Kopf, bis ich seine Füße und die Peitsche in seiner Hand sah. Ihm ins Gesicht zu blicken, das traute ich mich nicht. Er sagte: „Du weißt, dass dich heute eine besonders harte Bestrafung erwartet?» Ich nickte nur angedeutet. Es war mir eindeutig bewusst. Er fuhr fort: „Eigentlich würde das sehr, sehr viele Hiebe auf deinen Po bedeuten." Mit einer Peitsche tat mir das Spanking besonders weh, deshalb war das meine Strafe für schlimme

Vergehen. „Ein paar mehr Hiebe, als ich dir zumuten möchte. Aber Strafe muss sein für deine Ungezogenheit", ergänzte er. Er sprach dabei ganz ruhig, schon fast liebevoll. So war er immer, auch wenn er mir gleich beinahe unerträgliche Schmerzen bereiten würde. Es lag einfach nicht in seinem Wesen, laut und aufbrausend zu werden, selbst wenn ich ihn verletzt hatte. Er erklärte: „Darum habe ich mir eine andere Möglichkeit ausgedacht, dir eine angemessene Strafe zu verpassen." Er beugte sich zu mir herunter und hielt mir einen Gegenstand hin. Er hatte die Form einer überdimensionalen Figur aus einem Brettspiel, kugeliger Kopf, dahinter eine schmale Stelle, die sich kegelförmig wieder aufweitete. Als leidenschaftliche Köchin erkannte ich den Geruch sofort: Ingwer! Umgehend war mir klar, worauf er hinauswollte: Figging. Ich hatte im Internet einmal davon gelesen.

Er bestätigte meine Vermutung: „Mit dem Stück Ingwer in deinem Po wird dir die Strafe erheblich mehr weh tun. Dafür wird diese Erziehungslektion wirkungsvoller sein."

Ich wollte besonders brav sein, daher jammerte oder protestierte ich nicht besonders. Ich hatte dieses Mal wirklich jede Strafe der Welt verdient. Er bestrich den

Kopf der von ihm in Form eines Analplugs geschnitzten Ingwerwurzel unterdessen dünn mit Gleitmittel. Dann streichelte er mit der Hand über mein nacktes Hinterteil und meine Schamlippen, das ich ihm so unterwürfig entgegenstreckte. „Komm, lass deinen Po locker", sagte er sanft. Auch wenn mir schon die Vorstellung von Figging Furcht einflößte, gehorchte ich schließlich. Er konnte meine Pobacken mühelos spreizen. Dann spürte ich schon den Druck der Ingwerwurzel. Es war unangenehm, wie sich mein Poloch weitete, um den breiten Kopf passieren zu lassen. Danach zog mein Körper den Fremdkörper von alleine herein, bis sich mein Schließmuskel um die schmalste Stelle schloss. So würde der Ingwer während der folgenden Bestrafung kein Stück verrutschen können.

„Wegen des Gleitmittels müssen wir einen Moment warten", kommentierte er. Tatsächlich war der Fremdkörper in meinem Po zunächst einfach nur kalt. Doch schon bald fühlte es sich an, als würde er sich erwärmen. Immer und immer heißer wurde es in meinem Hintern, bis sich ein schreckliches Glühen einstellte. Er lobte fasziniert, wie ich die Beine spreizte, ein Hohlkreuz machte und den Po weiter anhob, um verzweifelt ein wenig

Kühle zwischen die Backen zu bekommen. Gleichzeitig pulsierte mein Poloch in einem instinktiven aber zwecklosen Versuch, den brennenden Fremdkörper heraus zu befördern.

„Dann wollen wir mal anfangen“, sagte er. Mit einer Hand auf meinem Rücken knapp über meinem Po drückte er meinen Oberkörper zurück ins Bett, hob mit beiden Händen meinen Po an und schob ein dickes Polster unter mich. Mit der anderen Hand strich er meine Haare beiseite, fasste in meinen Nacken und presste meinen Kopf ins Kissen. Das war nur eine symbolische Drohung: Wenn du dich wehrst, halte ich dich fest – und strecke mir ja deinen Po hoch entgegen. Aber ich wollte ja besonders artig sein. Dann ließ er mich wieder los, um nach der schwarzen Singletail Peitsche zu greifen. Einen Moment genoss er noch den Anblick. Ich hoffte, also präsentierte ich dieses Mal meinen Po besonders unterwürfig, um ihn gnädig zu stimmen. Im Spalt zwischen den verführerisch gerundeten Backen konnte er bestimmt die Ingwerwurzel sehen. Doch er war nicht bereit zu warten und schwang die Peitsche. Das Knallen und der Schmerz des ersten Hiebes überraschte mich jedes Mal aufs Neue. Das war ein sehr ernsthafter Hieb und er brannte fürchterlich. Aber dieses Mal war da noch etwas anderes: Nach dem Hieb zuckte mein Körper instinktiv zusammen. Dadurch verhundertfachte sich gefühlt das Brennen in meinem Po. Ich sah zu, dass ich meinen Hintern schnell wieder entspannte. Er verteilte schnelle, harte und brennende Schläge mit der Peitsche über mein gesamtes Hinterteil. Es tat furchtbar weh. Nach jedem Treffer geschah das gleiche: Erst verkrampfte ich den Hintern, dann erinnerte mich der Ingwer daran, den Po schnell wieder locker zu lassen. Bald schon glühte es nicht nur in meinem Po, auch meine Backen mussten leuchteten rot glühen. Da ich dieses Mal ja schon geweint hatte, bevor meine Strafe überhaupt begonnen hatte, war es sinnlos, jetzt die Tränen zurückzuhalten. Ich heulte wie ein Schlosshund in mein Kopfkissen. Es tat mir gut, so zu büßen. Im gleichen Maß wie der Schmerz zunahm, fielen die Schuldgefühle von mir ab. Anders als sonst, sparte er sich Hiebe auf meine Oberschenkel nicht für das Ende auf, sondern schlug immer wieder zwischendurch einmal mit der Peitsche auf diese besonders empfindlichen Stellen. Nach diesen Schlägen zappelte ich immer mehr, aber ich bemühte mich, ihm meinen Po anzubieten.

Während ich wehrlos einen Hieb der Peitsche nach dem anderen ertrug, wurde mir noch etwas bewusst: Dass mit jedem Hieb nicht nur die Haut meiner Pobacken, sondern dieses Mal auch die Tausende von Nervenenden in meinem Po gereizt wurden. Es tat mir nicht nur besonders weh, es machte mich gleichzeitig auch an, so widersprüchlich das auch schien. Tief im Schmerz meiner Bestrafung versunken, versuchte ich mich auf die Vorfreude auf meine noch anstehende Belohnung zu konzentrieren. Doch zunächst nahm er zum Abschluss noch einmal alle Kraft zusammen. Nun hielt ich es nicht mehr aus und wollte der Peitsche ausweichen. Doch ich wurde zurechtgewiesen und er zwang mich, ihm auch für die letzten heftigen Hiebe meinen nackten Po anzubieten und es auszuhalten.

Dann legte er die Peitsche endlich weg und streichelte meinen heißen Po. „Lass locker, dann erlöse ich dich vom Ingwer“, sagte er. Obwohl er meine Backen behutsam anfasste, tat es mir dieses Mal weh, als mein wunder Po auseinandergezogen wurde. Ich hatte unterdessen eine Hassliebe zur Ingwerwurzel in meinem Hintern entwickelt. Einerseits war das Brennen so unangenehm, andererseits machte es mich extrem geil. Ich spürte seine Finger an meiner nassen Pussy und hörte, dass er mich dafür zufrieden lobte. Ich fühlte, wie er an der Wurzel zog und mein

Körper zunächst Widerstand leistete, aber dann doch den Fremdkörper wieder freigab, der die letzten Minuten so unbeweglich in meinem Po gesteckt hatte. Dabei wäre ich bereits fast gekommen, so intensiv war das Gefühl. Oh, ich konnte es kaum erwarten, seinen Schwanz in meinem anderen Loch zu haben. Mir war klar, dass ich mit dem Ende der Strafe für alles bezahlt hatte, was ich ihm angetan hatte und ich nun ohne Schuldgefühle zum schönen Teil des Abends übergehen konnte.

Auch ihn hatte es ungewöhnlich erregt, mir eben etwas in den Po gesteckt und damit zusätzlich Schmerzen bereitet zu haben. Nachdem er schnell den Ingwer entsorgt hatte und meinen wunden Po mit etwas Rosenöl bestrichen hatte, riss er sich die Boxershorts herunter. Sein steifer Schwanz sprang hervor. Ich lag wie immer weiterhin in Bauchlage mit angehobenem Po da. Ich hatte es nicht ausgehalten, auf ihn zu warten, hatte meine Hand in meine feuchte Pussy geschoben und streichelte mich. Er kniete sich hinter mich, bahnte sich vorsichtig seinen Weg zwischen meinen Schenkeln hindurch. Dann begann er mich anal zu nehmen. Während sein Körper gegen meinen Hintern klatschte, musste ich ständig daran denken, wie bis vor wenigen Augenblicken die Ingwerwurzel in meinem Poloch gesteckt hatte und mein Schließmuskel immer noch brannte. Mittlerweile waren meine Tränen getrocknet und die Schmerzen der Peitsche hatten etwas nachgelassen. Nun genoss ich, dass mein Po sowohl von außen als auch von innen heiß war. Das Brennen im Po, die harmlosen Spankingschläge mit seiner Hand beim unentwegtem Zustoßen und meine Finger brachten mich in den Himmel. Ich merkte bald, dass er kommen würde. Er rammte seinen Schwanz nun ein paar Male schneller und tiefer in mich, dann spritzte er ab. Das gab auch mir den Rest und ließ meinen ganzen Körper beben. Das angenehm warme Gefühl, das der Ingwer in meinem Po hinterlassen hatte, verschaffte mir den heftigsten Orgasmus, den ich seit langem gehabt hatte. So hatte das Figging nicht nur meine Strafe, sondern auch meine Belohnung für das gehorsame Erdulden der Bestrafung erhöht, dachte ich, während ich mich danach glücklich an ihn kuschelte. Er streichelte mich zärtlich und zeigte mir, dass er mir vollständig verziehen hatte.

Ganz und gar zufrieden lag er seitlich neben mir und hatte Verständnis für mich, dass ich mich nicht herumdrehen und auf meinem Po liegen konnte. Im Gegensatz zu dem wöchentlichen Spanking, wenn ich über seine Knie muss, um ihm meinen Po anzubieten, bevor wir unser Liebesspiel beginnen, war das dieses Mal eine echte Bestrafung gewesen. Er hatte mich hart gepeitscht, härter, als ich es erwartet hatte und es hatte verflucht weh getan, auch jetzt noch spürte ich das Brennen der Hiebe. Aber ich spürte, wie glücklich es ihn macht, mich mit solchen Lektionen zu seiner gehorsamen Sub erziehen zu können, als er zu mir sagte: „Du bist ein sehr gehorsames liebes Mädchen. Aber manchmal ist es eben notwendig, dir mit der Peitsche zu zeigen, wie du dich zu benehmen hast.“ Vor Dankbarkeit gab ich ihm später einen Blowjob und er liebte mich nochmals.

Spanking Bench

Spanking-Enthusiasten mit einem breiten Erfahrungsspektrum erfreuen sich an einer stilvollen gepolsterten Spanking-Bank, ähnlich einem Bock, der mit waschbarem Leder bezogen ist. Gepolstert für den Komfort, enthält die Prügelbank Kniestützen, um die Sub im richtigen Winkel für die Bestrafung zu halten. Die Stahl- oder Holzrahmen sind robust genug, um den enthusiastischen Windungen der Sub, deren Arme und Beine mit Riemen auf dem Bock festgeschnallt sind, standzuhalten. Was auch immer Ihren Vorstellungen entspricht, die richtige Positionierung und Haltung der Sub, insbesondere für ein ausgedehntes Maintenance Spanking oder besondere sexuelle Praktiken, oral, vaginal oder anal, sind mit wenigen Handgriffen möglich und bieten ein breites Spektrum erzieherischer Lektionen. Es gibt ein umfassendes Angebot von Herstellern, die sogenannte Spanking- oder Fuckbenches herstellen, die auch zusammenklappbar und in einem Schrank im Schlafzimmer zu verstauen sind.

Nachbehandlung

Hinweis an den Dom: Pflege die Beziehung.

Hinweis an die Sub: Sei geduldig.

Eine Frau, die endlich einen passenden dominanten Partner oder Ehemann gefunden hat, der es ihr ermöglicht, die jahrelang unterdrückten BDSM-Phantasien wahr werden zu lassen, schwebt auf Wolken und erlebt die ersten sexuellen Abenteuer und die ersten schmerzhaften Prüfungen als einen mitreißenden Rausch, der ihr bisheriges Leben umkrempelt und ihr dann ungeahnte Befriedigung schenkt. Eine solche begeisterte Sub möchte sich am liebsten als totales Eigentum ihres Doms für immer sehen. Sie möchte mit Halsband, Sklavinnen-Vertrag, mit Tattoos, Piercings im Schambereich und sogar mit eingebrannten Brandings ihm ihre Zugehörigkeit zeigen oder wünscht sich in der Euphorie, auch eng befreundeten Paaren bei einer Vorführung die Größe ihrer Unterwerfung zu demonstrieren. Es ist eine rauschhafte romantische Verliebtheit, verstärkt dadurch, dass eine ganz neue Art der Liebe und sexueller Befriedigung gefunden wird.

Einzutreten in eine funktionierende DD Verbindung mit einem geliebten Dom, der seiner Sub den tabuisierten Wunsch, sich einem Mann zu unterwerfen, seiner Lust zu dienen und seinen Befehlen zu gehorchen, erfüllt, erzeugt eine starke Sogwirkung. Das Neue wirkt spektakulär und beglückend, erst recht, weil die Sub sich entgegen der allgemeinen Moral überwunden hat, etwas ganz Schamloses, im Alltag Unaussprechliches, zu tun, nämlich sich außergewöhnlichen sexuellen Praktiken zu unterwerfen. Manche Sub bezeichnet sich als Besitz und Eigentum ihres Doms und wird nicht müde, die Freuden des Dienens und des Beherrschtwerdens in den höchsten und oft recht romantischen Tönen zu feiern. Eine DD-Beziehung ist aber im Grunde ein Experimentierfeld, mal andere Erfahrungen zu machen: die Sub lernt sich anzupassen, sich sexuellen Wünschen zu unterwerfen und muss lernen die Belastungen einer Bestrafung innerlich zu harmonisieren und zu erotisieren, anstatt gegen den Partner zu kämpfen.

Viele Frauen haben Schwierigkeiten damit, die eigenen Phantasien zur Unterwerfung zu akzeptieren und verstecken sie im Unterbewusstsein.

DD gibt ihnen die Möglichkeit diese Phantasien hervorzuholen und auszuleben. Erst recht junge Subs finden es geil, auf Dominanz, Unterwerfung, Demütigung und ähnliche SM-Kiks zu stehen.

Allein diese Geilheit, dieses heftige Verlangen nach erotischen Spielereien ermöglicht das befriedigende Ausleben der Träume und Unterwerfungsphantasien.

Eine fixierte Sub mit ungewöhnlichen sexuellen Handlungen zu erniedrigen ist nicht allein das, was einen Dom sexuell erregt, es ist vielmehr, weil er durch ihre Wehrlosigkeit die Macht hat, solche Erniedrigungen auszuführen, die sie genau aus diesem Grund ebenfalls sexuell erregen. Mit dem durch Peitschen ausgelösten Schmerz ist es nicht anders. Der Sub Schmerzen zuzufügen bekommt dadurch einen Sinn, dass es ihr das Gefühl gibt, ausgeliefert zu sein, was sie letztendlich hochgradig erregt.

Domestic Discipline bedeutet: Erziehung der Sub.

Die Erziehung im Kontext des DD hat das Ziel, eine oder auch mehrere verhaltensbedingte Eigenschaften einer Sub positiv zu verändern oder gar erst zu erschaffen. Der Dom übernimmt dabei die Rolle des Erziehers und formt aktiv mit dem Ziel der Verbesserung seine Sub. Die Erziehung einer Sub wird naturgemäß, da das Machtgefälle gewünscht wird, anders ausfallen als die moderne Pädagogik es für richtig halten würde, da sie bei

Erfolg nicht nur lobt, sondern bei falschem Verhalten körperliche Bestrafungen einsetzt. Eine Sub muss sich bewusst sein, ein Spanking ist eine erzieherische Züchtigung. Der Herr des Hauses leitet sein Recht auf Züchtigung aus seiner Autorität gegenüber der Sub ab, zu der sie ihre Zustimmung gegeben hat.

Nachsorge des Dom

Wie Sie als Haushaltsvorstand mit den Tränen Ihrer Sub umgehen sollten.

Für eine DD-Sub ist es ein Muss, Tränen zu vergießen, die ihr helfen, sich wirklich diszipliniert zu fühlen. Beim Spanking und der anschließenden Corner Time ist es nicht erforderlich, viel Kraft aufzuwenden, um sie zu Tränen zu bringen. Nur die Vorwürfe zu wiederholen und das verbale Schimpfen reichen normalerweise aus, um die Tränen einer wirklich unterwürfigen Sub in Gang zu setzen. Die meisten Doms hören entweder auf, wenn die Sub zu weinen beginnt, oder bringen sie nie zum Weinen. Sie müssen aber über den Punkt hinausgehen und sie zum Weinen bringen, damit die gewünschte Freisetzung der Emotionen eintritt. Für neue Doms braucht es viel Liebe und emotionale Stärke, um seine Sub richtig zu bestrafen und zu Tränen zu bringen.

Indem Sie Ihre Sub zu Tränen rühren, erlauben Sie ihr, den Stress, der sich seit ihrer letzten Bestrafung aufgebaut hat, abzubauen und sie zu befreien, damit sie sich Ihnen unterwirft. Tränen bei der Corner Time sind auch ein großartiger Indikator dafür, dass Ihre Sub richtig bestraft wurde, was dazu beiträgt, ihre Sturheit und ihren weiblichen Widerstand gegen ihren Dom zu beenden und die positivere, süßere Unterwerfung hervorzuheben, die sie fühlen wird.

Viele Subs werden zugeben, dass sie, wenn sie zu Tränen gerührt werden, Erleichterung und Liebe verspüren, weil sie wissen, dass ihr Dom bereit und stark genug ist, sie für ihre Handlungen zur Verantwortung zu ziehen. Wenn eine Sub dies zugibt, gibt sie auch zu, dass sie ihren Dom und seine Entscheidungen respektiert. Wenn sie bestraft wird, geschieht dies niemals aus Wut, sondern aus Liebe und der Verantwortung, die ihr Dom trägt.

Tränen nach einem Spanking sind Schmerztränen und ganz natürlich. Die zweite Tränenmenge rührt von dem demütigenden Effekt her, der auftritt, wenn sie sich der Strafe der Corner Time unterwirft.

Einige Subs fangen schon vor dem Spanking an zu weinen, weil sie merken, dass sie richtig bestraft werden, und sie denken an den Schmerz, der folgen wird. Wenn eine Sub anfängt zu weinen, wenn sie hart gespankt wird, heißt das nicht, dass sie gegen die Bestrafung ist. Nein, dies bedeutet, dass das Spanking den gewünschten Effekt hat, den disziplinarischen Wert liefert und korrigierendes Verhalten erzeugt, das sie braucht.

Nicht alle Subs sind gleich, manche Subs können viel aushalten, während andere mit wenig Aufwand weinen. Denken Sie als Dom daran, dass die Sub nicht verantwortlich ist, sondern der Mann. Bei ihm liegt die Verantwortung zu entscheiden, wie viel und mir welcher Heftigkeit er die Hiebe auf ihren nackten Hintern ausübt. Ein Dom muss sich vergewissern, dass er sie schmerzhaft genug spankt, damit sie Tränen bekommt und diese ungehindert fließen können – und nicht mehr als notwendig. Sie wird daran erkennen, dass er der verantwortungsvolle Dom ist. Tränen lassen ihre weibliche Seite hervortreten und brechen ihren Widerstand gegen die Erziehung. Sie befindet sich in einer emotionalen und physisch verletzlichen Position, nackt über dem Schoß ihres Doms, und wird diszipliniert. Es ist wichtig, das Spanking maßvoll fortzusetzen, wenn Sie ihre Tränen bemerken, und nicht aufzuhören, bevor die Bestrafung die gewünschte Wirkung hat. Dann wird die anschließende Corner Time gerne angenommen, weil es in der Regel bedeutet, dass das Spanking beendet ist.

Denken Sie daran, dass das Spanking Teil zu ihrer Unterwerfung ist und wenn sie sich solch einer offensichtlich schmerzhaften und demütigenden Erfahrung unterwirft, wird sie sich besser benehmen und Sie werden sehen, dass ihre Haltung Ihnen gegenüber als ihr Dom stark verbessert wird, nicht weil sie Angst vor der Lektion hat, sondern aus Respekt und dem Wissen, dass Sie sie jederzeit sogar vor sich selbst und ihren Handlungen schützen werden. Wenn Sie sie regelmäßig spanken, wird dies auch als ständige Erinnerung an die Liebe und das Engagement dienen, das Sie für sie haben, sodass sie voll und ganz erkennen kann, dass Sie der Dom sind und die Verantwortung tragen. Denken Sie daran, dass wie beim Spanking, auch bei einem Maintenance eine Bestrafung lange und hart genug sein sollte, um Tränen hervorzurufen, damit die Sub frei weinen und jeglichen Stress, den sie aufgebaut hat, abbauen kann und die Energie Ihres Doms und die Liebe, auch noch in der Corner Time für eine lange Zeit spüren kann.

In einem Moment ist alles in Ordnung. Im nächsten fließen die Tränen. Die Sub fühlt sich nach einer schmerzhaften Züchtigung, als falle sie in ein tiefes Loch. Heftiges Weinen und hemmungslose Weinkrämpfe sind oftmals die Folge. Wenn der Sub vor Überforderung oder auch durch Freude nach Weinen ist und sie sich diesem Bedürfnis nachgibt, sorgt sie dafür, dass ihre Emotionen freier fließen können. Dies schützt den Körper vor Blockaden und es gibt keinen Stau an unverarbeiteten Gefühlen und Energien.

Weinen dient uns zu unserem Schutz und zum Verarbeiten von schwierigen Situationen. Es löst seelische Spannungszustände auf und die Sub erlebt ein Gefühl der Erleichterung. Tränen lösen unsere Gefühls- und Körperanspannung. Nach dem Weinen fühlt sich die Sub körperlich und emotional erleichtert und ruhiger. Weinen ist also eine hilfreiche Reaktion des Körpers. Die Wissenschaft ist sich einig: Weinen ist gesund und sogar ein Zeichen von charakterlicher Stärke. Tatsächlich sind Menschen, die sich ihre Tränen erlauben, in der Regel gesünder als Menschen, die ihre Gefühle unterdrücken. So können weggedrückte Tränen zum Beispiel zu Depressionen oder Angstzuständen führen, denn Weinen stabilisiert den Gefühlshaushalt und befreit das Gemüt von belastenden Emotionen.

Die Atmung wird reguliert und Entspannung setzt ein. Durch einen heftigen Weinkrampf nach einer Züchtigung wird sich die Sub ruhiger fühlen und es werden bei ihr Glückshormone wie Endorphine und beruhigende, sowie schmerzstillende Substanzen und auch antibakterielle Substanzen, wie Lysozym freigesetzt. Negative Energien werden sprichwörtlich von der Seele gewaschen. Dabei sind Tränen, insbesondere nach einem schmerzhaften Maintenance menschlich und ein natürlicher Ausdruck der Emotionen der Sub, das sollte einem Dom nicht unangenehm sein, sondern er sollte es fördern.

Der Mensch ist das einzige Lebewesen, das aus Wut, Trauer, Schmerz oder Freude Tränen weint. Warum wir aus Emotionen Tränen vergießen, ist noch unklar. Forscher glauben, dass diese Körperfunktion ein Signal nach Hilfe bedeutet.

Diese Hilfe kann ein rücksichtsvoller Dom dann geben. Trost ist für die Sub etwas sehr Wertvolles. Trösten kann wieder Mut und auch Einsicht schenken. Trost ist wie Balsam auf die Wunden, tut einfach gut und lässt so manche schmerzhafte Bestrafung oder ein Maintenance leichter ertragen.

Wenn Sie als Dom einer eben gezüchtigten Sub Trost schenken, ihr also eine Stütze in der schwierigen Situation sein wollen, dann sollten Sie einiges berücksichtigen.

Seien Sie für sie da.

Oft genügt auch nur die bloße Nähe. Nehmen Sie sie in die Arme. Es bedarf keiner großen Worte. Für die Trost suchende Sub ist es schon sehr wertvoll, zu wissen, dass ihr Dom für sie da ist, dass sie nicht alleine ist. Eine Umarmung mit Küssen kann Trost spenden. Fest in die Arme nehmen, an sich drücken und den Kopf zärtlich streicheln.

Verharmlosen Sie nichts!

„Das wird schon wieder" oder „So schlimm ist es gar nicht" – Das sind Floskeln, die alles andere als Trost sind. Die leidende Sub fühlt sich damit missverstanden. Sie hat sich gerade einer schweren Prüfung hingegeben und dies sollten Sie als erfahrener Dom würdigen. Als Dom sollten sie auch nichts beschwichtigen oder gar sich rechtfertigen. Ihre Sub weiß, dass Sie, als Dom das Recht zur Züchtigung hatten und Sie als Herr des Hauses dazu verpflichtet sind, sie entsprechend zu erziehen.

Lassen Sie Gefühle zu!

Gestehen Sie ihrer Sub nach einer schmerzhaften Züchtigung Gefühle zu. Wut über sich selbst, Traurig-sein über ihr eigenes Fehlverhalten, vor allen Dingen lassen Sie die Sub weinen. Das gehört zum Verarbeitungsprozess. Versuchen Sie nicht, diese Gefühle durch Ablenkung zu unterdrücken.

Sprechen Sie mit ihrer Sub!

Um ein beruhigendes Gespräch in Gang zu bringen und zu halten, ist Zuhören Voraussetzung. Schenken Sie ihr Ihre volle Aufmerksamkeit. Erlauben Sie ihr, ihre tiefsten Gefühle und Empfindungen zu berichten, egal ob positiv oder negativ. Ein Gespräch ist ein Dialog, ein Sich-Austauschen.

Sprechen Sie mit Ihrer Sub beim Trösten möglichst immer in der Ich-Form. Das macht das Gespräch persönlicher. Damit wirken Sie auch selbstsicherer und sympathischer. Schließlich liebt Ihre Sub die Autorität, die Sie ausstrahlen. Nennen Sie Ihre Sub beim Trösten oft bei ihrem Kosenamen, das hat eine positive Wirkung auf den Dialog. Insbesondere, wenn Sie ihr die Notwendigkeit der Züchtigung und deren Schärfe erklären müssen. Scheuen Sie sich nicht als Dom, nach einem sehr schmerzhaften Maintenance, in einer späteren beruhigten Trostphase, offen Ihrer Sub zu sagen, wie sehr es sie zufrieden gestellt hat, sie mit der Peitsche hart zu erziehen. Dies wird oft zu erneuten Weinkrämpfen führen, aber das sollte sie nicht davon abhalten, Ihrer Sub mit klaren Worten zu verdeutlichen, dass sie für diese Art der Züchtigung dankbar sein und an ihrer Bereitschaft zu mehr Hingabe arbeiten muss. Ein schmerzender rot gestriemter Po ist nun mal für die Sub der fühlbare Eindruck einer zufrieden stellend erfolgten Züchtigung, die für ihre Erziehung notwendig ist. Auch wenn es manchmal bei einem emotionalen Zusammenbruch länger dauert, Ihre Sub wieder zu beruhigen, nehmen Sie sich als rücksichtsvoller Dom die Zeit, sie emotional aufzufangen. Sie wird es Ihnen mit verstärkter Hingabe danken.

Nachsorge der Sub

Eine Züchtigung wegen einer Bestrafung oder durch ein ausgedehntes Maintenance lösen bei der Sub nicht nur schmerzhafte Eindrücke aus, die zur Einsicht führen sollen, sondern die Erziehungsinstrumente, wie Stock, Gürtel, Peitsche hinterlassen auch sichtbare Spuren auf der Haut. Da wir Spankinghiebe auf den Po der Sub empfehlen, weniger auf die Innenseite der Oberschenkel oder Scham- und Brustbereich, schon gar nicht auf Rückenpartien, werden sich auf dem Po rote Striemen und Hämatome zeigen.

Typisch für Hämatome, die direkt unter der Haut liegen, ist der dunkelrot-blaue Farbton, den sie nach kurzer Zeit annehmen. Auch die sind für den Weg in die Einsicht erzieherisch wertvoll, wenn sich die Sub anschließend die Striemen auf ihrem Po im Spiegel ansehen muss. Wie schnell die Symptome sichtbar werden, hängt immer von der Lage und der Heftigkeit eines Hiebes ab. Eine Reitgerte, Singletail oder Bullwhip erzeugt schneller dunkelrote Striemen, als ein Flogger oder Lederklatsche. Zu harte Züchtigungen hinterlassen Vernarbungen der Haut und sollten vermieden werden. Ein Dom sollte auch die sexuelle Attraktivität seiner Sub und ihre Schönheit pflegen.

Je nach Schweregrad der Züchtigung können Hämatome unterschiedlich stark schmerzen und anschwellen. Ein Hämatom – auch als Bluterguss oder blauer Fleck bezeichnet – entsteht, wenn Blut aus verletzten Gefäßen ins Körpergewebe austritt.

Der Dom sollte die betroffenen Stellen möglichst sofort nach dem Auffangen und dem beruhigenden Gespräch kühlen. Dadurch wird nicht nur der Schmerz gelindert, sondern es tritt auch weniger Blut ins Gewebe aus, da sich die Blutgefäße durch die Kälte zusammenziehen. Somit kann verhindert werden, dass sich der Bluterguss zu stark ausbreitet. Lassen Sie die Sub mit dem Bauch auf einem unterstützenden dicken Kissen liegen, um ihren Po und die betroffene Stelle hoch anzuheben. Dadurch wird der Blutfluss in das verletzte Gewebe verringert. Das Anheben des Pos sollte ein Dom auch schon während der Züchtigung einrichten, da er dann die Züchtigung intensivieren und ausdehnen kann.

Der Dom kann nach der Trostphase die betroffene Stelle bei der Sub auch mit einer Heparinsalbe einreiben. Durch den Wirkstoff Heparin wird die Auflösung von Blutpfropfen gefördert und antiphlogistische Salben können eine Entzündung hemmen. Auch analgetische Salben mit Arnika sind empfehlenswert, da sie schmerzlindernd und abschwellend wirken. Abhängig vom Schweregrad der Züchtigung dauert es in der Regel, ein bis drei Tage bis Blutergüsse vollständig abgeheilt sind.

Die Nachsorge bei Hämatomen nach einem Maintenance läuft folgendermaßen ab: Aussprache - Salben - Eis Kompression - Hochlagern. Wie gesagt, die Aussprache nach der erfolgten Züchtigung ist ein wichtiges Element des Trostes, um die aufgelöste und weinende Sub zu beruhigen, bevor mit den Salben und Kompressen begonnen wird. Charakteristisch für ein Hämatom sind auch unterschiedlich starke Schmerzen. Sie werden durch Volumenveränderungen ausgelöst. Das verletzte Gewebe und seine direkte Umgebung schwillt an und drückt auf die benachbarte Sehne oder einen Muskel und auf deren Schmerzrezeptoren. Die Ausprägung eines Hämatoms ist von Mensch zu Mensch sehr unterschiedlich. Das liegt daran, dass die Gewebestruktur, aber auch Fließ- und Gerinnungseigenschaften des Blutes individuell verschieden sind. Da ältere Frauen stärker zu Blutergüssen neigen als jüngere, können junge Subs in der Regel bei einer Züchtigung stärker belastet werden.

Kleinere Blutergüsse lassen sich auch gut mit Hausmitteln behandeln:

1. Lassen Sie die Sub ein warmes Bad nehmen und geben Sie drei Esslöffel Arnikaessenz ins Badewasser.
2. Legen Sie auf die betroffene Stelle ein mit essigsaurer Tonerde getränktes Tuch.
3. Reiben Sie den Bluterguss mit Franzbranntwein ein.
4. Geben Sie 250 Gramm Magerquark auf ein Tuch und legen Sie dieses auf den schmerzenden Po.

Sehr hilfreich sind kalte Kompressen mit einem Eisbeutel auf den Po. Die Kälte reduziert die Durchblutung und vermindert Blutungen. Nicht länger als 15-20 Minuten lang auf die Haut legen, um eine Gewebeschädigung zu vermeiden. Der Dom sollte das überwachen. Nach einer schweren Züchtigung bei einem Maintenance sollte die kalte Kompresse in Abständen von einer Stunde mehrmals wiederholt werden.

Warme Kompressen sollten erst während der Genesungsphase nach einem ausgedehnten Maintenance, nach 12 oder 24 Stunden gegeben werden. Diese Kompressen sollten 37-40° C heiß sein. Im Gegensatz zur kalten Kompresse sind warme Kompressen in der Genesungsphase nach einer harten Züchtigung mit immer noch stark sichtbaren Hämatomen vorteilhafter, weil sie die Blutgefäße erweitern und so die Durchblutung und Nährstoffzufuhr erhöhen, die für das Reparieren der Haut notwendig sind. Darüber hinaus vermindert das warme Gefühl den Schmerz, indem es als Gegenreiz fungiert, der den Schmerz überdeckt, der von der Züchtigung hervorgebracht wurde.

Wenn keine Komplikationen oder Begleitverletzungen auftreten, bilden sich auch Blutergüsse nach einer ausgedehnten scharfen Züchtigung mit einer Peitsche in der Regel nach einigen Tagen vollständig zurück. Es ist ein probates Erziehungsritual nach einer erfolgten Beruhigung und schmerzlindernden Behandlung, eine Sub, da sie mit ihrem rot gestriemten Po nicht sitzen kann, vor ihren Dom in demutsvoller Haltung knien oder eine begrenzte Zeit in der Ecke stehenzulassen, um ihr die Einsicht in ihre notwendige Erziehung zu erleichtern.

Des weiteren ist die Anwendung einer Lavendel-Therapie für die empfindliche Haut eines weiblichen Pos sehr zu empfehlen. Lavendel wird mit antiseptischer und antibiotische Eigenschaft in Verbindung gebracht, die eine ideale Möglichkeit bietet, Züchtigungshämatome zu behandeln und den Heilungsprozess sowie die Verhinderung von Narben unterstützt. Lavendelöl hilft auch bei der Verringerung von Schwellungen und lindert die Schmerzen. Geben Sie dazu ein wenig kaltes Wasser in eine Schüssel und fügen Sie eine gute Menge Lavendelöl hinzu. Gut umrühren und ein sauberes Tuch in dieser Mischung einweichen. Nun legen Sie das Tuch direkt auf den Po ihrer Sub. Durch den ätherischen Duft des Lavendelöls und der beruhigenden Wirkung auf den Po, wird meistens bei der Sub wieder das Verlangen nach einer körperlichen Befriedigung geweckt, was ein erfahrener Dom zu schätzen weiß. Mit der Penetration in ihrem immer noch rot gestriemten Po zeigt eine Sub einem Dom, der exquisite Liebesspiele mit hohem Genuss nach einer Züchtigung bevorzugt, ihre ganze Dankbarkeit und volle Bereitschaft zur Hingabe.

Am Tag nach einer schmerzhaften Züchtigung, sollte die Sub ohne einengendes Höschen oder Slips mit nackten Po stehen, knien oder auf dem Bauch liegen und erneut mit den beschriebenen Mittel gepflegt werden, bis sie wieder auf einem dicken Kissen sitzen kann. Es gibt in Pharmazie oder SM Online Shops spezielle Wundkissen, die dann eigens für die Zeit der Nachsorge genutzt werden.

Mit einfühlsamen Trost durch ihrem Dom und nachsichtiger Pflege, wird sich der emotionale Gefühlszustand einer gezüchtigten Sub stabilisieren und eine innige Beziehung zu ihrem Dom entstehen lassen.

Nachwort

Ist es für eine Sub in einer positiven Partnerschaft möglich, Dominanz des Doms zu erleben, Schmerzen zu erleiden und erniedrigende Demütigungen zu erdulden?

Es nicht nur möglich, sondern sogar nützlich. Alle aggressiven Tendenzen der Sub können im gemeinsamen Ausleben der Domestic Discipline wunderbar befriedet werden.

Es herrscht aber draußen, neben DD, ein Alltag, der vereinbart und integriert werden muss. Oft genug sind Subs im Alltag recht selbstbewusste Frauen, die im Leben ihren Mann stehen und in ihrem Beruf sogar dominant sein können. Die zwei verschiedenen Welten, drinnen und draußen, müssen in einer DD-Beziehung ausbalanciert werden. Drinnen gilt die totale Unterwerfung der Sub, sie ist sein Besitz, mit dem er schalten und walten kann, wie es ihm beliebt. Nach draußen hin erhält eine Sub von ihrem Dom selbstverständlich die Freiheit, agieren zu können, wie sie es für richtig hält, ohne mit ihren Handlungen die Balance zu stören. Als Beraterin vieler Paare, ist es für mich immer wieder eine freudige Erkenntnis, dass nicht nur die Doms, Lust darauf haben zu herrschen, sondern dass gerade Frauen mit Intellekt und Hochschulabschluss, sogar Lehrerinnen Lust dabei empfinden, sich beherrschen und erziehen zu lassen. Es zeigt sich, dass sinnliche Frauen mit Geist und Selbstständigkeit, die ganze Tiefe einer konsequenten Unterwerfung empfinden können und ungewöhnliche Sexualpraktiken für den Körper, für die Seele und für den Geist befreiend finden.

Solche Spielarten erfordern Vertrauen, aber man kann eine Intensität des Sex für beide Partner erreichen, die die von Vanilla-Sex bei weitem übersteigt.

Das reizt Frauen. Eine Frau, die hemmende Moralvorstellungen abgelegt hat und bereit ist, ihr Verlangen nach einem dominanten Mann zu akzeptieren, erlebt plötzlich Sex in einer Intensität, wie sie es vorher nicht gekannt hat. Wir stellen den sexuellen Charakter intensiver Züchtigung bewusst heraus und erleben immer wieder, dass die Frauen genau das hören wollen. Auch, dass dadurch die emotionale Verbindung beider Partner viel intensiver sein wird. Es ist ein gegenseitiges Geschenk. Wenn die Frau sich mit eigenem Willen vollends hingibt, wird sie nie abgelehnt und macht sich gegenüber dem Partner einzigartig. Auch das führt zur Bindung.

Mehr Frauen, als man ahnt, haben eben solche devoten Phantasien. Eine Umfrage eines befreundeten Instituts unter mehr als 10.000 Paaren zeigte, dass Frauen im Bett gerne mal eine härtere Gangart wünschen. 62 Prozent der befragten Damen gaben an, harten Sex toll zu finden, davon standen wiederum 51 Prozent auf sehr harten Sex mit körperlicher Züchtigung.

Mit Sex kann man erziehen und Frauen lieben es, wenn sie mit hartem Sex erzogen werden Und es wirkt schlicht befreiend – für das Ich, für das Verlangen und für die Hingabe. Unterwerfung und Dominanz, Schmerzen zufügen und erleiden, demütigende sexuelle Behandlungen und das an die Grenzen treiben der Sub, das alles ist in einer positiven Beziehung in der Domestic Discipline möglich. Es ist nicht nur möglich, sondern sogar nützlich: alle verdeckten aggressiven Anlagen der Partner können innerhalb der Domestic Discipline wunderbar freigelegt, ausgelebt und dadurch befriedet werden.

Die Attraktivität einer Domestic Discipline Ehe zeigt sich insbesondere im Vergleich zu den vielen Machos im normalen Alltag, die ihre Frauen nur als Ficktoy und Dummchen neben sich dulden, um sie letztendlich nur zu ihrer sexuellen Befriedigung zu benutzen. Im Gegensatz hierzu bietet DD, Sorge,

Vertrauen und Respekt und erreicht dadurch bei der Sub eine viel höhere Sicherheit, sich auch außerhalb von DD entsprechend gesellschaftlicher Normen bewegen zu können, während sie sich innerhalb zu ungewöhnlichen Sexualpraktiken unterwerfen kann.

Natürlich sollte man den wirtschaftlichen/finanziellen Bereich innerhalb einer Domestic Discipline Beziehung nicht vernachlässigen. Eine Sub, die ihrem Dom ihre völlige Unterwerfung schenkt, darf ruhig eine allgemeine Großzügigkeit und verantwortungsvolle Versorgungssicherheit durch ihren Dom erwarten. Ihr Confessing, das wichtige Bekenntnis zur Zustimmung sollte eine

Sub immer wieder gegenüber ihrem Dom abgeben, um ihm ihren Dank für diese Fürsorge auszudrücken.

Mit dem Confessing wird eine Ehefrau zur Sub. Domestic Discipline basiert im Wesentlichen auf diese grundsätzliche Zustimmung, die die Sub ihrem Dom gegeben hat, dass er allein entscheiden kann, wann, wie und wie oft er sie, auch ohne Grund, körperlich disziplinieren kann.

Ich hatte in einem früheren Kapitel erwähnt, dass auch Subs manchmal den Wunsch nach einem Spanking verspüren und es herausfordern wollen, indem sie irgendeinen Ungehorsam zeigen, was sie so nicht tun sollten. Es gibt aber einen Weg, den wir empfehlen können und der uns von Leserinnen bestätigt wurde. Die Sub sollte ihren Dom einmal damit überraschen, indem sie ihn sagt, dass sie sich an die letzte Korrektur-Session erinnert habe und ihm nochmal für diese hilfreiche Neuausrichtung ihren Dank aussprechen wolle. Auch der Hinweis, dass eine letzte sehr schmerzvolle Korrektur lange vorgehalten habe und sie ihm deshalb dankbar sei, sollte einem erfahrenen Dom schnell die Augen öffnen, dass seine Sub eine Auffrischung benötigt.

Es gibt viele Frauen, die als Subs in einer Partnerschaft der Domestic Discipline regelmäßige Spankings zur Befriedigung ihres sexuellen Verlangens wünschen oder auch benötigen. Die sexuelle Spannung in einer langjährigen Partnerschaft aufrechtzuerhalten ist nicht immer leicht, manchmal hilft auch eine offene Aussprache, in dem man einen verständnisvollen Dom auch unumwunden um ein Maintenance bittet. Manchmal hilft auch der Hinweis neue Spielzeuge oder Zuchtinstrumente und neue außergewöhnliche Sexualpraktiken auszuprobieren. In den vielen Beratungsgesprächen, die wir mit Paaren führten, zeigte sich, dass ausnahmslos alle Doms letztendlich an einer ausgleichenden sexuellen Befriedigung ihrer Sub interessiert sind. Sadistische Männer sind keine Doms und haben in einer DD Verbindung nichts zu suchen. Wir beraten deshalb auch gerne Frauen, die sich von solchen Männern trennen möchten und helfen ihnen einen richtigen Dom zu finden.

Dazu arbeiten wir mit einem Eheanbahnungsinstitut zusammen, das sich auf DD, D/S und SM Partnerschaften spezialisiert hat und erfolgreiche Vermittlungen vorzeigen kann.

Zusammenfassend kann man sagen:

Um die erotische Wirklichkeit in der Domestic Discipline aufzubauen und dauerhaft aufrechtzuerhalten, die es für befriedigende Szenarien braucht, müssen die Partner einander nahe sein. Ein Spanking mit anschließendem Liebesakt sollte für die Sub die begehrenswerteste Art und Weise sein, die Liebe ihres Doms zu spüren. Sie sollten frei und offen über alles kommunizieren können, erst recht nach einer belastenden Session, und zwar als GANZE Menschen, mit ihrer eigenen Persönlichkeit, nicht nur in der jeweiligen Rolle.

Sie sollten echtes Vertrauen zueinander haben, vom jeweiligen Partner sexuelle Befriedigung in Liebe zu erhalten –

und zum guten Schluss, sie sollten einander wirklich mögen.

Leserbriefe

Betty H.: *Für Interessierte führe ich eine der Regeln auf, die ich am Anfang unserer DD-Beziehung erhalten habe. Einige dieser Regeln sind für mich zur zweiten Natur geworden. Einige waren zu Beginn sehr komisch. Zum Beispiel als Daddy von mir verlangte, dass ich vor ihm kniete, wenn ich eine Sorge vorbringen wollte oder wenn ich spüre, dass ich Aufmerksamkeit von ihm brauche. Da lachte ich tatsächlich. Ich sagte ihm, dass es sich unangenehm anfühlte und so, als ob ich ihn verehren sollte. Im Laufe der Monate ist dies jedoch mein sicherer Ort geworden. Jedes Mal, wenn ich seine Aufmerksamkeit haben möchte, eine Sorge habe oder Trost brauche, knie ich mich vor ihn nieder (normalerweise während er auf seinem Stuhl sitzt und am Computer arbeitet). Er wird seine Arbeit oder seinen Computer sofort einstellen und mir 100 % Aufmerksamkeit schenken. Er streichelt oft meine Haare und streichelt mein Gesicht. Dies ist mein Lieblingsort geworden.*

Gwen O. : *Ich will erwähnen, dass einige dieser Regeln für mich zunächst unangenehm waren. Die Regel, ein «Halsband» zu tragen, war etwas weit hergeholt. Es geht mir um Unterwerfung und das Lernen, geführt zu werden, aber die Vorstellung, einen Collar zu tragen, als eine seiner «sexuellen Regeln», ließ mich zusammenzucken. Ich wollte nicht, dass dies zu einer dieser verrückten, BDSM-artigen Beziehungen wird. Ich war ein süßes, unschuldiges Mädchen und wollte nicht als Sexsklavin angesehen oder behandelt werden. Es stellte sich heraus, dass er mir tatsächlich ein Lederhalsband gebastelt hat, das nicht so sehr ein Halsband wie eine Chokerhalskette mit großem Ring ist, und ich mag es wirklich. Es half auch, wenn ich darüber las, ihn auf eine Art zu lieben, die er sich wünschte. Es ist einfach, unsere Ehemänner so zu lieben, dass sie darauf reagieren, aber es kann eine Herausforderung sein. Er ist mein Geliebter und ich vertraue ihm. Wenn er möchte, dass ich abends und im Bett beim Sex den Collar mit Kette trage, was für einen Schaden ist es? Ich liebe es jetzt, ihn damit anzumachen. Wir haben beide Anpassungen und Verbesserungen an uns vorgenommen, und wir sind beide besser dran.*

Amy R.: *Ich muss meinem Dom immer für alles danken, für das, was mir gegeben wurde, unmittelbar, nachdem ich das erhalten habe. Dies beinhaltet Geschenke, Privilegien und Bestrafungen. Tue ich es nicht oder vergesse es, erhalte ich ein Spanking.*

Claire S.: *Mein Dom ist My Daddy. Jede Nacht muss ich in meiner «Angebotsposition» auf meinen Daddy auf dem Bett warten. Ich sitze nackt mit gespreizten Schenkeln auf meinen Füßen. Wenn My Daddy nicht in der Stadt ist, muss ich ihn anrufen oder ihm eine Nachricht schicken und um Erlaubnis bitten, im Bett zu schlafen. Selbst wenn My Daddy nicht zu Hause ist, muss ich auf die Knie fallen, wenn ich um Erlaubnis bitte, im Bett zu schlafen.*

Jeden Morgen muss ich noch nackt vor My Daddy auf die Knie gehen und ihm dafür danken, dass er mir erlaubt habe, mit ihm zu schlafen und ihm mit meinem Körper dienen durfte. Er verlangt diesen Dank. Wenn My Daddy beruflich nicht zu Hause ist, soll ich ihn mit meiner Dankbarkeit anrufen und meinen Eid sagen, dass ich ihm gehöre.

Wenn My Daddy von Terminen oder Reisen nach Hause kommt, werde ich mich bemühen, ihn an der Tür in der Angebotsposition zu begrüßen. Ich soll meinen Kopf verbeugen, meine Hände ruhen auf meinen Schenkeln und sitze mit meinem Po auf meinen Füßen. Ich warte auf die Erlaubnis, aufzustehen, nachdem ich von My Daddy begrüßt wurde.

Barbara M.: *Meine besonderen Regeln. Wenn mein Dom mir befiehlt, seinen Schwanz zu lutschen, werde ich es so lange tun, wie er es von mir verlangt, ohne mich zu beschweren. Höre ich zu früh auf, bevor er kommt, werde ich bestraft.*

Ich muss meine Muschi für meinen Dom immer rasiert halten. Er prüft es. Findet er Haare, werde ich bestraft.

Sex mit meinem Dom ist keine Wahl. Mein Körper gehört ihm, wie er will. Meine Orgasmen sind unter seiner Kontrolle. Ich werde immer und überall bereit sein, wo mein Dom meinen Körper benutzen will. Ich werde um Erlaubnis bitten, zum Orgasmus zu kommen und die Entscheidung meines Doms respektieren. Ist er unzufrieden mit meinem Dienst, werde ich bestraft.

Schmerz und Vergnügen sollen immer bei mir sein - in meinen Gedanken und meinen Fantasien - denn der Kontrast bestärkt mich darin, mich so zu verhalten, wie mein Dom es von mir erwartet. Wenn er mir ankündigt, mir ein Maintenance zu verabreichen, habe ich mich zu bedanken.

Seine Lederriemen und Peitschen habe ich stets sauber zu halten, sonst werde ich bestraft.

Ich darf nicht ohne Erlaubnis von meinem Dom masturbieren.

Ich muss meinen Körper jederzeit meinem Dom anbieten, in der Hoffnung, dass er Freude daran hat, ihn zu benutzen, wie er es wünscht.

Abends, nach dem Dinner habe ich die Verpflichtung, mich ihm in sexy Dessous anzubieten, die er ausgesucht und mir geschenkt hat.

Ich muss das Halsband stolz tragen, das mein

Dom mir geschenkt hat, denn es bedeutet Sein Eigentum an mir und meine Hingabe an Ihn. Kommt er nach Hause und ich trage den Collar nicht, werde ich bestraft.

Ich muss alle Fesseln tragen, die mein Dom mir als Symbol meiner Position im Leben gibt - dass ich an Ihn gebunden bin.

Linda W.: *Wir hatten am vergangenen Wochenende eine ernsthafte Meinungsverschiedenheit. Ich wurde überempfindlich über eine Situation im Schlafzimmer und widersprach, auf die mein Dom in seinen gewohnten «Ich brauche Zeit, um dies zu verarbeiten" Modus fiel.*

Es ist vollkommen in Ordnung, dass er Zeit braucht, um zu verarbeiten, bevor er reagiert, aber ich muss es einfach aussprechen und habe keine Geduld zu warten, bis er fertig ist. Am Ende des Tages, bevor mein Dom bereit war, mit mir zu reden, öffnete ich meinen Mund vor einer Gruppe von Freunden und machte einen Kommentar, dass ich wusste, dass er ihm gegenüber respektlos war.

Ich hatte es nicht bedacht, es flog einfach aus meinem Mund und ich wusste, sobald ich es sagte, dass es falsch war. Mein Dom behielt seine Ruhe, aber später erzählte er mir, dass er erwog, «mich sofort hinter den Holzschuppen zu bringen». Stattdessen wartete er bis zum Abend zu Hause, um mich zu bestrafen. Ich hasste die intensive

Strafe, die er mir gab, mehr als zwanzig Hiebe mit seiner Reitgerte.

Aber noch schlimmer war das Gefühl der Scham, das ich in mir trug. Ich habe ihm immer gesagt, dass die Art, wie ich mich selbst fühle, nachdem ich ihm wehgetan habe, schlimmer ist als jede körperliche Bestrafung, die ich von ihm empfange. Das ist wahr. Er kichert oft und beschuldigt mich spielerisch, nur versucht zu haben, um aus einer Strafe herauszukommen, aber das ist nicht der Fall. Ich liebe ihn intensiv und zu wissen, dass ich ihn verletzt habe, ist die schlimmste Art von Schmerz. Die Bestrafung hatte ich verdient und habe mich bei ihm dafür bedankt.

Hier noch ein Schamkerl! Lisa aus Chicago schrieb mir: *Mein Mann ist Vertriebsleiter eines großen Unternehmens und sehr oft zwei oder drei Tage in der Woche an der Ostküste. Er hat mir einen Terminkalender gegeben, um zu bestimmen, welche Aufgaben ich an welchen Tagen machen soll und wie ich meine Tage plane. Da er um mein Verlangen weiß, war es ein bisschen lustig, meine Masturbation zu planen. Normalerweise darf ich nur vor seinen Augen masturbieren, wenn er es erlaubt oder verlangt. Es braucht ein bisschen Spaß, um zu wissen, dass ich heute Abend um 21:00 Uhr, nach seinem abendlichen Anruf 30 Minuten dafür erlaubt bekommen habe. Aber diese gewährte «Selbstzeit» sollte Teil der Pflichten eines Doms sein, meinst du nicht auch? Nicht, dass ich in 30 Minuten irgendwelche Probleme haben würde, einen Orgasmus zu bekommen (wahrscheinlich wird es 5-10 dauern). Aber es ist lustig, Mike berichten zu müssen, dass ich den Zeitplan überzogen habe, weil ich zu lange zum Orgasmus brauchte und er mich bestrafen muss. Hee-hee!*

M.R., 39, Doctor of Laws J.S.D., Harvard

Ich war mir meiner unterwürfigen Triebe von klein auf bewusst und sehnte mich nach einem starken, autoritären Führer, dem ich folgen und dem ich gehorchen konnte. Ich wünschte mir einen Mann, der mich für mein schlechtes Benehmen zur Rechenschaft zieht und mich mit liebevoller Disziplin korrigiert, unterrichtet und führt. Mit dem ich offen meine schamlosen Träume ausleben kann und der mich lehrt, wie ich ihn sexuell glücklich machen kann. Ich fühlte mich unglaublich schuldig, weil ich diese natürlichen Instinkte hatte und meine Schuld hielt lange Zeit während des Studiums der Rechte und danach als Anwältin in einer Kanzlei an, bis ich meinen jetzigen Mann fand. Auch dann fühlte ich mich sozial ausgegrenzt, weil ich eine intelligente und unabhängige Frau war und mich dennoch bemühte, meinem Mann gehorsam und unterwürfig nachzugeben. Die Gesellschaft im Allgemeinen hat einen guten

Job gemacht, indem sie diesen Lebensstil verurteilt, was oft in schändlicher Weise die Gültigkeit unserer Beziehung in Frage stellte.

Ich bin ein Neuling in der Domestic Disziplin (wir haben ungefähr 2012 angefangen) und nicht gerade ein Experte. Als wir unsere Ehe begannen, hatten wir ein gutes Sexleben! Mark gab mir schon ein paar leichte Ohrfeigen und ein Spanking und er wusste, dass ich es hart mochte. Und dann hörte ich eines Tages von diesem Buch Fifty Shades of Grey. Ja, ich weiß - es klingt viel zu kitschig, dass eine Frau mit diesem Buch tatsächlich zum Domestic Disziplin-Lebensstil hätte geführt werden können, aber genau das ist passiert. Ich besorgte mir die Bücher und es dauerte nicht lange, bis ich herausgefunden hatte, dass ich als Lebensstil auf wirklich konsequente Domestic Discipline stehe und dass ich BDSM in meinem Sexualleben haben will. Vor zwei Jahren bin ich auf ihr Buch Loving and Progressive Domestic Discipline gestoßen und auf viele wundervolle Menschen in der DD-Community. Mein Leben veränderte sich und ich fühlte mich nicht länger isoliert oder verurteilt. Das Korrespondieren mit anderen DD-Praktizierenden hat mir geholfen, viele meiner Gedanken auszusprechen, die ich unterdrückt hatte. Ich genieße Ihre Ausführungen wirklich sehr, er ist sehr nützlich für mich, besonders weil wir gerade erst anfangen, das DD in unser Leben zu bringen. Es war irgendwie schwer zu akzeptieren, dass ich eine unabhängige kluge Frau bin, aber ich brauche immer noch meinen HOH, um die Kontrolle über meine Handlungen zu übernehmen. Wir haben in letzter Zeit einige rauere BDSM-Elemente hinzugefügt, zum Beispiel ein regelmäßiges Maintenance mit der Tawse, bei dem ich fixiert bin. Er mag die Tawse, weil er damit härter zuschlagen kann, sie mir mehr weh tut, mich aber nicht verletzt. Was es mit BDSM zu tun hat und warum es nicht genau BDSM ist? Unsere Ehe hat sich in letzter Zeit langsam zu einer BDSM-Beziehung entwickelt, aber es ist keine typische BDSM-Beziehung (soweit ich das beurteilen kann ?). BDSM-Beziehungen sind sowieso nicht wirklich devot, weil es ein sicheres Wort gibt, um sie zu stoppen. Auf diese Weise haben Männer keine wirkliche Macht, weil sie sie nur disziplinieren können, solange sie es will. In unserer Ehe haben wir kein Safe-Wort - wir brauchen es nicht. Stattdessen gab ich Mark eine endgültige Genehmigung für unsere Regeln. Diese werden befolgt, und wenn ich mich nicht daran halte, wird eine Bestrafung folgen. Ja, wenn ich von ihm gezüchtigt werde, vor Schmerzen weine, dann bitte ich ihn manchmal, seine Meinung zu ändern, aber er muss seine Position als Haushaltsvorstand beibehalten – und das weiß ich und erdulde es. Natürlich schlägt er mich auch beim Sex und es ist im

Laufe der Jahre immer rauer geworden. Er weiß, ich brauche es. Ich brauchte meinen Mann, damit er mich auch beim Sex diszipliniert, mich kontrolliert und meine Lust steuert. In den Sub-Space und zu multiplen Orgasmen kommt man nicht allein, sondern nur durch eine strickte Hand. Das war die Leere, die ich früher immer hatte - niemand lenkte mich, und doch sehnte ich mich danach.

Einige Leute denken, dass DD nur eine der vielen Versionen von BDSM ist, aber das ist einfach nicht wahr. Viele BDSM-Fans flirten mit einer dunkleren Seite. Einige kleiden sich vielleicht in schwarzem Leder und peitschen sich gegenseitig mit Ketten. Sie fühlen sich von der Dunkelheit angezogen; es ist aufregend, berauschend, prickelnd und sogar gewagt. BDSM hat ein theatralisches Element, bei dem viele Subs gefesselt, aufgehängt oder in Käfigen in dunklen, finsteren Räumen, sogenannten Dungeons, untergebracht sind. Häusliche Disziplin zu lieben ist dagegen überhaupt nichts dergleichen. In erster Linie ist Domestic Discipline nicht theatralisch und verwendet keine grausamen Gegenstände aus Folter oder unheimlich aussehenden Räumen. DD findet in der täglichen Umgebung statt und die Praktizierenden fühlen sich vom Licht und nicht von der Dunkelheit angezogen. Das Angstelement wird nicht durch die Dunkelheit oder erschre-

ckend aussehende Objekte hervorgerufen. Vielmehr entsteht die Angst aus dem Wissen, dass ihr Verhalten zu Schmerzen durch ihrem HOH führen kann. Die eigentliche Aufregung bei DD ist, gut zu sein - nicht schlecht. Meistens ist es gut, wenn ich leicht bekleidet oder gar nicht, vor ihm knie und ihm seinen Drink anbiete, oder ihn in seiner gewünschten Aufmachung in Dessous im Schlafzimmer erwarte und mich ihm anbiete.

Wenn mein HOH nach einer Lektion sagt, ich sei ein „gutes Mädchen", „ein braves Mädchen", zitter ich am ganzen Leib vor Aufregung und Vergnügen. Jedes Mädchen möchte ein gutes Herz haben, egal wie intelligent oder erfolgreich sie ist. Mein HOH macht mich für meine Handlungen verantwortlich, sodass ich, wenn ich ausrutsche, diszipliniert werde und sofort wieder in Kontakt zu meiner Weiblichkeit komme, um wieder sein gutes, süßes, liebevolles Mädchen zu sein. Liebevolle häusliche Disziplin ist sehr eigenständig; es gibt Standards, Werte und Erwartungen. Wenn Regeln gebrochen werden, werde ich durch Disziplin schnell wieder in einen unterwürfigen, zerknirschten, pflegenden und weiblichen Zustand von Verstand und Herz gebracht.

Wenn die Frau ihren Gehorsam und ihre Unterwerfung mit der Zeit ausbauen und erweitern kann, werden sich neue Wege eröffnen. Viele

Paare lernen zunächst eine oder zwei schärfere Praktiken kennen. Das Fundament der weiblichen Unterwerfung ist sexuell. Ihr Buch beschreibt verschiedene Disziplinarpraktiken aus sexueller Sicht. Solch eine detaillierte Implementierung dieser Praktiken, die schmerzhaft sein können, bringt die Frau zurück zur eigentlichen Quelle ihrer Unterwerfung, so sehe ich das - als das sexuelle weibliche Gegenstück zu ihrem Mann. Wenn ich dies auf einer tiefen Ebene erlebe, kann die Erkenntnis mich zunächst überwältigen. Ich mag mich anfangs überwältigt fühlen, bevor die natürlichen, altbewährten, angeborenen Muster sexueller Begierden einsetzen. Hier wach ich dann auf und instinktiv kann ich intimere Bereiche der Sexualität erkunden. Ich kann Intimität auf einer viel tieferen Ebene finden, auch bei abstrakteren sexuellen Praktiken, als ich jemals für menschlich möglich gehalten hätte. Die Anwendung der verschiedenen fortgeschrittenen Praktiken führen zu fast sofortigen Ergebnissen in Bezug auf eine viel tiefere Unterwerfung und Gehorsamkeit, die aus dem Kern der Sexualität entspringen. Manchmal sind die Standard-DD-Praktiken für manche Frauen einfach zu schwach. Einige Frauen, insbesondere solche mit starkem Willen und Selbständigkeit, wie auch ich, stellen sofort eine Verbesserung ihres Verhaltens und ihrer Einstellung fest, sobald die richtige fortgeschrit-

tene Praktik konsequenter von ihrem HOH durchgeführt wird.

Es gibt eine Menge Kontroversen gegen Frauen, die sich an den Lebensstil der Domestic Discipline halten. Einige irreführende fanatische Frauenrechtlerinnen glauben aufrichtig, dass liebevoll disziplinierte Frauen entweder von ihren Männern missbraucht werden, indem sie einer Gehirnwäsche unterzogen werden oder diese verurteilenden Personen glauben, dass die Frau zu einer missbräuchlichen Beziehung überredet wurde und sich bereitwillig als Fußmatte präsentieren muss. Intelligente Frauen mit begründeten Argumenten, die die Vorzüge eines solchen Lebensstils umreißen, stoßen häufig auf taube Ohren. Selbst intelligente Frauen in gehobenen Stellungen werden oft als verdorbene und psychisch geschädigte Individuen verspottet, die ihren Kick nur bekommen, wenn sie sich von ihrem HOH der Disziplinierung unterwerfen lassen. Solche gewaltsamen Oppositionen können Frauen, die den DD-Lebensstil führen, oft in der Gesellschaft sehr isoliert machen. Daher ist es ihr Recht, ihren Lebensstil heimlich und für Außenstehende uneinsehbar zu praktizieren oder nur in der Kommunikation oder im Kreis mit gleichgesinnten befreundeten Paaren. Ich kann allen, die ihren Lebensstil der Domestic Discipline ausleben, nur raten, sich nicht von intoleranten Personen verrückt machen zu lassen, wenn die etwas aus einem Gespräch oder einem Verhalten heraus mitbekommen haben und glauben, sie müssen sie missionarisch auf einen anderen Weg bringen. Es ist eine sehr schwierige Aufgabe, Nicht-DD-Frauen von den vielen Vorteilen eines solchen Lebensstils zu überzeugen, insbesondere wenn die sich entschließen, Frauen, die sich damit beschäftigen, herabzusetzen. Einige sagen: «Hey, das ist häusliche Gewalt.» Ist es nicht! Der Unterschied zwischen unserer häuslichen Disziplin und häuslicher Gewalt ist klar: Hier bin ich in liebevoller Unterwerfung und nicht in ängstlicher Unterwerfung, bin geachtet, um Harmonie, Glück und ein erstaunlich großartiges Sexualleben genießen zu können.

Leah, 44, Baltimore.

Ich habe dieses Wochenende ein Maintenance Spanking erhalten.

Es war für nichts Bestimmtes, nur etwas weniger Unterwürfigkeit von mir, ein leichtes Abweichen von der richtigen Einstellung, die er korrigieren musste.

Es tat wirklich weh. Das Klatschen mit offenen Händen, um meinen Hintern vorbereitend zu röten, dann Hiebe mit dem Lederriemen, die brannten und ein erschrockenes Keuchen verursachten. Es war zugleich die gefürchtete Bestra-

fung, die mich zu Tränen führte und möglicherweise deshalb so effektiv war.

Warum?

Ein Rollenspiel mit Spanking in einer Ehe dient dazu, sowohl den Ehemann als auch die Ehefrau an ihre Rollen in der Beziehung zu erinnern. In einer wahren Ehe der Domestic Discipline sollte die ernsthafte körperliche Bestrafung mit der Zeit immer seltener werden. Eine moderne Frau ist ein intelligentes Wesen, der es genauso wichtig ist, ihrem Mann zu gefallen. Sie weiß, dass Ungehorsam gegenüber ihrem Ehemann bedeutet, dass er das Recht hat, sie zu korrigieren, wie auch immer. Missachtung gegenüber ihrem Ehemann bedeutet, ihn nicht zu respektieren. Als Frau, die es sich zur Aufgabe gemacht hat, ihrem Ehemann zu gefallen, sollte die Korrekturmaßnahme ihres Mannes akzeptiert sein, da es ihr zeigt, was sie falsch gemacht habe und wie sie sich bessern kann.

Ebenso geht es meinem Ehemann darum, mich wie sich selbst zu lieben. Er ist geduldig mit mir und neigt mehr zur Barmherzigkeit als zur Bestrafung. Um meinen eigenen lieben Ehemann zu zitieren: «Ein Mann sollte den Lederriemen nur als letztes Mittel in die Hand nehmen.»

Wie jeder weiß, macht es uns jedoch nicht perfekt, eine liebende Ehepartnerin zu sein. Gutes tun zu wollen, bringt uns nicht immer dazu, es gut zu machen. Ein Spanking als Strafe ist sowohl für die Frau, die den Schmerz empfängt, als auch für den Ehemann, der gezwungen ist, ihn zu geben, unangenehm. Es sollte nach Möglichkeit vermieden werden, ohne die Integrität der Ehe zu gefährden. Eine Möglichkeit, dies zu tun, ist das Spielen.

Es ist eine Win-Win-Situation für uns. Eine Bestrafungssitzung, ob ein lustig lustvolles Spanking mit der Hand, „Was hast du dir denn dabei wieder mal gedacht!“, oder ein schmerzhaftes Maintenance, „Ich glaube, es ist Zeit, dir zu zeigen, wie du mir zu dienen hast!“, wie am Wochenende, verbessert unsere Beziehung sowohl innerhalb als auch außerhalb des Schlafzimmers und vermeidet eine unangenehme Situation.

Die heftigen, lange brennenden Hiebe haben mein Herz sofort an den richtigen Ort gebracht. Es erinnerte mich daran, als ich heulend mit wunden Po auf dem Bett lag, dass dort mein Mann mit dem Lederriemen steht, der mich damit korrigieren darf, wenn er dazu gezwungen wird. Es erinnerte mich an seine Autorität und sein Recht, in unserem Haus zu regieren. Und um ehrlich zu sein, hat es mein sexuelles Bewusstsein für ihn als Mann und mein Verlangen nach seiner sexuellen Kraft erheblich gesteigert. Ich empfehle es sehr.

Möge Gott Sie segnen und haben Sie einen schönen Tag!

Leah

Rachel, 25, Charleston

Maintenance Spanking ist die Praxis meines Mannes, mich, als seine junge Frau, regelmäßig zu züchtigen, um mein korrektes Verhalten und meine Haltung aufrechtzuerhalten. Nach unserer Erfahrung bin ich bescheidener geworden und habe eine deutlich verbesserte Einstellung, ihm sexuell zu dienen.

Ob Sie es als Mann in einer Ehe der Domestic Discipline das Maintenance monatlich oder wöchentlich durchzuführen, liegt bei Ihnen. Ich habe herausgefunden, dass das regelmäßige wöchentliche ernsthafte Spanking, ein richtiges Maintenance, am besten für mich ist.

Maintenance hilft mir, mich daran zu erinnern, wie ich mich am besten benehme, meine Haltung in der richtigen Weise beibehalte, und lässt mich wissen, dass ich mein Verhalten aufrechterhalten muss, damit ich nicht sorglos und respektlos gegenüber meinem Mann werde.

Wenn ich einige Zeit lang nicht bestraft wurde, wird die Erinnerung an die schmerzhafte Lektion, die ich aufgrund meines schlechten Verhaltens erhalten habe, schwächer und meine Haltung kann sich zum Schlechten wenden. Bei einem regelmäßigen Maintenance werde ich daran erinnert, wie schmerzhaft eine Bestrafung ist und dass ich jederzeit verpflichtet bin, entsprechend zu handeln.

Ein weiterer Grund für das Maintenance durch

ihn besteht darin, insbesondere meine emotionale und intime Verbindung zwischen ihm und mir aufrecht zu halten, indem ich meine ganze weibliche sexuelle Energie darauf konzentriere, seiner männlichen dominanten Energie die richtige und gewünschte Befriedigung zu geben.

Auch ich sehne mich nach seiner starken Energie, diese Energie die mir Platz für viele befriedigende Orgasmen einräumt. Der erfüllende Sex für beide Seiten hat in unserer Ehe den höchsten Stellenwert. Dies ist auch der Grund, weshalb ich zu einer Ehe auf Basis der Domestic Discipline Ja gesagt habe. Mit seiner Stellung als mein HOH kann er mir höchste Erfüllung geben und als dominanter Mann von mir eine hingebungsvolle Breitschaft verlangen, ihm auch bei belastenden sexuellen Praktiken zur gewünschten Befriedigung zu dienen. Eine Aufgabe, die ich durch das Maintenance gelernt habe.

Regelmäßiges Spanking sorgt bei mir auch dafür, dass ich mich genug um ihn kümmere, dass er erkennt, dass sie die Mühe wert sind, regelmäßig Strafen zu verhängen, und sie erinnern mich daran, dass er als mein HOH Strafen verhängen kann, wenn sie für mein Verhalten und meine Haltung notwendig sind.

Wenn er mich regelmäßig züchtigt, wird dies auch als ständige Erinnerung an die Liebe und das Engagement dienen, das ich für ihn habe, sodass ich voll und ganz erkennen kann, dass er der HOH ist und die Verantwortung trägt.

Ich weiß, ein Spanking als Strafe, wie das Maintenance muss lange und hart genug sein, um Tränen hervorzurufen, damit ich frei weinen und jeglichen Stress, den ich aufgebaut habe, abbauen kann und die Energie seiner Männlichkeit und die Liebe, die wir beide teilen, in mir spüren kann.

Die meisten Männer neigen dazu, nur zur Bestrafung zu schlagen. Er benutzt das Maintenance von Anbeginn an zu reinen Erziehungslektionen. Er hat mir Liebestechniken gelehrt, an die ich früher nicht im Entferntesten gedacht habe und die auch heute mir ab und zu die Schamröte ins Gesicht treiben. Aber ich fühle mich frei. Unser Sexleben hat damit eine ganz andere Bedeutung bekommen. Zu erst hatten einige Diskussionen stattgefunden, bis sich mein Verhalten zum Besseren gewendet hatte und es ist sicherlich nicht für alle Ehen ein Ideal. Die Hiebe bei den Lektionen sind äußerst einprägsam, aber er spricht mit mir in den Pausen, tröstet und lehrt mich, Alltägliches, Frivoles und gar Obszönes, es ist manchmal magisch. Das Maintenance gibt mir auch den dringend benötigten Stressabbau, wenn er mich bei besonderen sexuellen Praktiken zu sehr belastet hat und ich lernen musste, mich diesem Verlangen zu öffnen. Die regelmäßigen Lektionen haben mich als junge, sexuell unerfahrene Frau dazu gebracht, ihn heute auch freudig anal zu empfangen, da es auch mir völlig neue befriedigende Empfindungen bringt. Es war ein längerer Erziehungsweg und für mich zeitweise schmerzhaft, aber es hat unser Sexleben ungemein bereichert. Wie heißt es bei Seneca, Per aspera ad astra, „Durch Mühsal gelangt man zu den Sternen". Wenn Sex in einer Domestic Discipline Ehe im Vordergrund steht, gerade wenn der Ehemann ein außerordentlich hohes Verlangen hat, kann ich ein spürbares Maintenance zur Erziehung nur empfehlen. Ein rundum befriedigter Ehemann ist ein Geschenk und der liebste und großzügigste Mann auf Erden.

Für meine Seite kann ich sagen, dass eine Domestic Discipline Ehe, in der der HOH mit einem regelmäßigen Maintenance für die richtige Erziehung und Harmonie sorgt, mehr als aufregend und erfüllend ist.

Hannah, 42, Boston

Wir sind eine kleine Gruppe von Frauen, die alle in ihrer Ehe den Lebensstil der Domestic Discipline glücklich ausleben und unsere HOH's habe uns erlaubt, dass wir uns einmal im Monat in einem sehr privaten Kreis treffen und unsere-Gedanken austauschen können. Letztes mal war die Frage aufgetaucht, wie soll sich eine Frau bei ihrem HOH für ein Spanking bedanken. Da wir nicht mehr genügend Zeit zum Diskutieren hatten, habe ich mich hingesetzt, meine Gedanken dazu aufgeschrieben und dies meinen Freundinnen zukommen lassen. Ich bin 42 Jahre alt, mein Mann ist 50 und ich erhalte ein regelmäßiges wöchentliches Spanking.

Wie soll sich eine Frau bei HOH für die Disziplinierung bedanken?

Nun, im Grunde genommen in Worten. Sie muss sich einfach bei ihm bedanken. Das ist ein einfaches, aber wichtiges Konzept. Und wenn es vergessen wird, verwandelt es die gesamte Dynamik der Domestic Discipline in einen härteren und weniger produktiven Prozess. Es ist egal, wo sie ist, wenn sie ihm dankt. Möglicherweise befindet sich die Frau noch in einer OTK-Position (über dem Knie). Sie könnte auch auf seinem Schoß sitzen. Sie könnte zornig vor ihm stehen. Sie könnte während ihrer zugewiesenen Eckzeit in der Ecke des Raumes stehen und nach innen schauen. Sie könnte sogar in einer knienden Position sein, in der Ecke oder vor ihrem HOH – und sie könnte noch immer oder schon wieder heftig weinen. Es spielt keine Rolle. Wichtig ist, dass sie ihm in Worten ihren Dank ausdrückt.

Wenn eine disziplinierte Frau ihrem Mann nicht dafür danken kann, dass er ihr ein Spanking verpasst, das sie zur Korrektur ihres Verhaltens benötigt, ist dies kein gutes Zeichen. Für die meisten Paare sollte die Regel lauten: „Kein Danken bedeutet mehr Spanking." Wenn sie nicht in der Lage ist, ihrem HOH für die Disziplinierung zu danken, muss das Spanking ausgedehnt und verschärft werden. Wenn das Spanking gewirkt hätte, wäre sie in der Lage, ihm zu danken. Die Unfähigkeit, für ein Spanking dankbar zu sein, ist in der Regel darauf zurückzuführen, dass die Frau keine Reue oder echte Selbstbesinnung für ihr Verhalten zeigt. Wenn es an Reue mangelt, mangelt es an Dankbarkeit und an wahrem Respekt. Diejenigen, die sich damit beschäftigt haben, werden wissen, dass mangelnde Reue in der Regel bedeutet, dass die Disziplinierung unvollständig ist – die Hiebe waren zu kurz oder zu leicht, um die harte, selbstsüchtige Hülle, die oft weiblich ist, wirklich zu durchbrechen.

Wenn sich eine Frau bei einem Mann dafür bedankt, dass er sie eindrucksvoll gespankt hat, ist es wichtig, dass er dafür sorgt, dass ihr Ausdruck der Dankbarkeit echt ist. Wenn der Mann während einer Disziplinierung den Verdacht hegt, dass seine Frau nicht aufrichtig ist, ist er verpflichtet, Maßnahmen zu ergreifen. Er sollte genau auf Anzeichen von Unaufrichtigkeit in ihrer Stimme achten, wenn sie ihm für das Spanking dankt. Unaufrichtiger Dank sollte hart bestraft werden, weil es eine Form der Lüge ist. Lügen ist zu jeder Zeit inakzeptables Verhalten, besonders aber in einer disziplinarischen Situation.

Unaufrichtigkeit bedeutet, dass die Frau ihre Lektion noch nicht gelernt hat und ihre körper-

liche Disziplinierung mit Verachtung behandelt. Es bedeutet auch, dass sie ihren HOH mit Respektlosigkeit behandelt, sonst wäre sie ehrlicher mit ihm und gibt zu, dass sie nicht dankbar für ihre Korrektur ist. Natürlich würde dies wahrscheinlich dazu führen, dass ihre Disziplinierung fortgesetzt würde, bis der HOH sicher sein kann, dass sie wirksam ist. Das ist die Art von Ehrlichkeit, die von einer Frau in einer Beziehung der Domestik Discipline verlangt wird, und das ist die Art von Entschlossenheit und Selbstdisziplin, die vom Mann verlangt wird. Er muss mental und emotional stark genug sein, um sie zu disziplinieren, bis er sicher ist, dass ihr Dank echt ist. Es ähnelt der Art liebevoller Zähigkeit, die er braucht, um sie während eines Spankings zu Tränen zu bringen. Wir alle erhalten mehr oder weniger oft ein Spanking, wie wir von uns wissen. Alle auf den nackten Hintern und es ist meistens schmerzhaft und führt zu Tränen. Das ist auch der Sinn eines Spankings, mit dem der HOH die Harmonie in unseren Ehen aufrecht erhält und etwaiges Fehlverhalten korrigiert. Es ist oft schwer, sein eigenes Fehlverhalten einzugestehen und bedarf der führenden Hand des Mannes. Die korrigierende Disziplinierung sollte die Frau als die Hilfe des Mannes sehen, bei der Bewältigung von Problemen in der Partnerschaft zur Ehrlichkeit zurückzukehren. Für diese Hilfe muss sie dankbar sein.

Es gibt nur eine Sache, die schlimmer ist als Unaufrichtigkeit, wenn eine Frau ihrem HOH für die Disziplinierung sarkastisch dankt. Die meisten Frauen sind nicht so dumm, ihrem Ehemann sarkastisch für ein erhaltenes Spanking zu danken, aber einige Frauen sind es leider. Es tritt normalerweise auf, wenn die Lektion nicht lang oder hart genug war. Wenn die Frau nach der Disziplinierung immer noch eine «widerstrebende Haltung» hat, wurde sie wahrscheinlich nicht genug geschlagen. Spanking in der Domestic Discipline soll eine Frau von einem Einstellungsproblem heilen. Bleibt das Problem danach bestehen, ist mehr Disziplinierung erforderlich, bis das Einstellungsproblem gelöst ist.

Sarkasmus ist ein weiteres Beispiel für Missachtung oder Ungehorsam während eines Spanking, der normalerweise eine schwere Bestrafung verdient, um eine weitere Missachtung ihres HOH und des Disziplinarverfahrens entschieden zu unterbinden.

Ein weiterer wichtiger Aspekt, um sicherzustellen, dass die Frau aufrichtig dankbar für ihr Spanking ist, besteht darin, von ihr zu verlangen, dass sie ihrem HOH in die Augen schaut, wenn sie sich bei ihm bedankt. Wenn sie auf ihre Füße herabblickt und leise „Danke" murmelt, ist sie wahrscheinlich nicht wirklich dankbar. Aber wenn sie ihm in die Augen schaut und „Danke" sagen muss, wird ihm ziemlich klar sein, ob sie wirklich dankbar ist oder nicht. Der HOH kann überprüfen, ob sie für ihr Fehlverhalten wirklich Buße tut, wenn er in ihre Augen schaut, auch wenn sie noch so verweint sind. Sein Hauptindikator ist, ob sie Tränen der Reue weint, aber seine Sicherheitskontrolle besteht darin, tief in ihre Augen zu schauen und auf ihre Stimme zu hören, während sie ihm für helfende Prügel dankt.

Wann sollte eine Frau ihrem Mann für ihr Spanking danken? Die häufigste Zeit ist unmittelbar nach dem Ende des Spankings. Wenn sie am Ende zu heftig weint, kann es notwendig sein, zu warten, bis ihr Schluchzen ein wenig nachlässt, bevor sie in der Lage ist, sich kohärent bei ihm zu bedanken. Wenn sich eine Frau während ihrer Corner Time in der Ecke des Raums bei ihrem HOH bedankt, blickt sie normalerweise zur Ecke, sodass nicht überprüft werden kann, ob ihr Dank aufrichtig ist oder nicht. Aus diesem Grund ist die Eckzeit für eine Frau keine so gute Zeit, um ihrem Mann ihren Dank auszudrücken.

Es ist auch sehr gut für die Frau, sich später an diesem Tag oder Abend oder sogar später bei ihrem HOH zu bedanken. Wenn sie wirklich davon profitiert, diszipliniert zu sein, muss sie ihm dies mitteilen, anstatt zu erwarten, dass er ihre Gedanken liest. Elli aus unserem Kreis berichtete freimütig, das sie nach dem letzten schwerwiegenden Maintenance Spanking lange

Zeit im Schlafzimmer liegen geblieben war und schluchzend über sich nachgedacht hatte. Als sie erkannt hatte, das es wohl notwendig gewesen war und ihr HOH ihr ganz zu Recht einen wunden Po beschert hatte, war sie aufgestanden und nackt wie sie war, zu ihm ins Wohnzimmer gegangen. Zu seiner freudigen Überraschung hatte sie sich auf seinen Schoß gesetzt, mehrmals seine Hand, die sie geschlagen hatte geküsst und ihm gesagt, dass sie ihm für das Maintenance dankbar sei. Sie hätten sich dann lange und ausführlich über die Notwendigkeit eines Maintenance Spankings unterhalten und wie befreiend es für ihre Partnerschaft ist.

Das Danken ist besonders wichtig nach einem Maintenance, da es in der Regel ein sehr schmerzhaftes Spanking ist. Die Frau sollte aber erkennen, dass ihr HOH es wirklich nur für notwendig hält, wenn sich bei ihr schleichendes zu korrigierendes Fehlverhalten zeigt. Das Maintenance Spanking dient insbesondere, kaum sichtbares aber spürbares Fehlverhalten aufzudecken und zu korrigieren, um das liebevolle und respektvolle Verhalten und die Haltung der Frau aufrechtzuerhalten. Umso wichtiger ist es, dass sie ihm ihren Dank ausdrückt.

Einige Männer erwarten, dass ihre Frau ihnen während eines Spankings dankt. Das klassische Beispiel ist, dass die Frau sich nach jedem Schlag bei ihrem HOH bedanken muss. Dies kann bei einigen Frauen gut funktionieren, bei anderen jedoch problematisch sein. Es kann Obertöne von zu viel BDSM haben, wo Stil über Substanz betont wird. BDSM sieht nach formaler Disziplin aus, während Domestic Discipline gelebte Disziplin ist. Aus diesem Grund spricht die Domestic Discipline ein viel breiteres Spektrum von Frauen an, als BDSM. Ein weiteres Problem beim Danken nach jedem Schlag ist, dass es manchmal schwierig ist, es durchzusetzen, insbesondere wenn die Frau zu heftig schluchzt oder es ihr einfach schwer fällt, während einem schmerzhaften Spankings zu sprechen. Für einige Frauen kann das Danken nach jedem Schlag verhindern, dass sie weinen, weil sie so beschäftigt sind, den erforderlichen Dank zu sagen. Für andere Frauen kann das Danken nach jedem Schlag tatsächlich dazu beitragen, dass sie anfangen zu weinen. Für diese Frauen kann es also eine positive Sache sein. Wenn der HOH nicht sicher ist, ob es eine gute Sache ist, kann er es immer ein oder zwei Mal versuchen und später Feedback von ihr darüber erhalten, wie sie das Gefühl hat, dass es dem Disziplinarprozess geholfen oder behindert hat.

Nach jedem Schlag zu danken kann auch ein Spanking verlangsamen, besonders wenn es ihr schwer fällt, sich durch Schluchzen oder Jammern zu bedanken. Es kann leicht die Zeit verdoppeln, die benötigt wird, um sie richtig zu disziplinieren, was eine Überlegung für einige Paare sein kann, um das Spiel auszudehnen.

Der letzte Einwand, wenn einige Frauen sich nach jedem Schlag bedanken müssen, ist, dass er zu obligatorisch ist, also nicht wirklich echt. Ein aufrichtiger Dank geht von Herzen, nicht weil er erforderlich ist. Eine gut gespankte Frau sollte in der Lage sein, sich von Herzen zu bedanken, denn es ist die Liebe, die ihrem HOH die Kraft und den Willen gibt, sie zu verprügeln. Wenn sie ihm danken muss, ob sie Lust dazu hat oder nicht, wird der Prozess von ihrem Herzen getrennt. Die meisten klugen Männer erkennen, dass es weder für sich noch für ihn eine gute Idee ist, eine Frau von ihrem Herzen zu trennen.

Diejenigen, die nach jedem Schlag leidenschaftliche Verfechter des obligatorischen Dankes bleiben, können auf die Tatsache hinweisen, dass, wenn Sie etwas oft genug sagen, es schnell real wird. Selbst wenn die Frau sich bei ihrem HOH für jeden Schlag bedankt, ohne es wirklich zu meinen, wird sie es irgendwann ernst meinen, wenn sie sich lange genug dafür bedankt. So kann es trotz anfänglicher Unaufrichtigkeit gut funktionieren.

Letztendlich liegt es an jedem Paar und jedem

HOH, herauszufinden, ob es eine gute Idee ist, sich nach jedem Hieb zu bedanken oder nicht. Sie können dies durch eine Kombination aus Kommunikation (intensives Aussprechen) und Experimentieren herausfinden - probieren Sie es aus und bewerten Sie es anschließend. Das Hauptprinzip - dass die Frau sich für ihr Spanking bedanken sollte - bleibt jedoch unverändert. Wenn sie von der Domestic Discipline wirklich profitiert, ist es das Wenigste, was sie tun kann, dafür dankbar zu sein. Ihre Dankbarkeit auszudrücken bringt sie auch näher zu ihrem Mann, worum es letztendlich bei der Domestic Discipline geht. Danken hilft der Liebe und Verbindung zwischen dem Paar. Sie muss sich nicht nach jedem Schlag bei ihm bedanken, aber sie sollte sich ernsthaft die Zeit nehmen, um sich zu bedanken, nachdem sie diszipliniert wurde. Einen ehrlich gemeinten Dank kann sie auch ausdrücken, in dem sie ihren HOH auffordert ihr die Hand zu reichen, die sie geschlagen oder gepeitscht hat, um sie aus Dankbarkeit zu küssen. Damit zeigt sie ihm nicht nur eindrucksvoll ihren Dank, sondern auch ihren Respekt vor seiner strafenden Hand. Diese zur verbalen Danksagung hinzugefügte Dankesbezeugung erfreut nicht nur ihren HOH und lässt ihn erkennen, dass ihr Dank aufrichtig ist, sondern er wirkt sich auch tief auf das Bewusstsein der Frau aus. Es ist wichtig für sie, eine Hand zu lieben, die sie zwar schlägt, aber zugleich hilft ein besserer Mensch zu werden. Diese Dankesbezeugung sollte die Frau auch mal später spontan, mit dem Satz: „Danke für das Spanking am Freitag Abend" ihrem HOH zeigen. Einen aufrichtigeren Ausdruck von Dankbarkeit gibt es nicht. Warum sollte eine Frau das machen? Wir sollten generell unseren HOH's dankbar sein, dass sie sich um uns kümmern, uns lieben und durch die Klippen des täglichen Lebens führen. Wir sollten das permanent zeigen, nicht nur nach einem schmerzhaften Spanking, dessen Notwendigkeit wir anerkennen. Es sollte keine Alltagsfloskel werden. Unser HOH sollte erkennen, dass wir ihm dankbar für ein regelmäßiges Spanking sind, auch wenn es manchmal schwierig ist, die Tränen dabei zurückzuhalten. Aber das sollten wir auch gar nicht. Mit unseren Tränen zeigen wir ihm, dass seine korrigierende Disziplinierung wirkt, dass wir bereit sind, uns zu bessern und bemüht sind, Wege und Möglichkeiten zu finden, wie wir ihm mit unserem Dienen glücklich machen und höchstmögliche Befriedigung bieten können.

Eine weitere Variante, ihren aufrichtigen Dank für ein Spanking zu zeigen, ist, nach den gesprochenen Dankesworten, ihrem HOH mit einer sehr intimen Handlung, die er mag, ihre ganze Bereitschaft zu zeigen, wie sehr sie seine sichtbare Dominanz liebt und sein Recht anerkennt, nicht nur von ihm gespankt zu werden, sondern ihm selbstverständlich zu seiner Befriedigung dienen möchte. Aber dies muss jedes Paar und vor allen Dingen die Frau selbst entscheiden. Ich kann nur bestätigen, dass eine solche Dankesbezeugung Wunder bewirkt und selbst einen immer noch verärgerten HOH sehr gnädig stimmt. Seien wir doch ehrlich. Unsere HOH's wünschen sich ein gewisses Maß an sexueller Befriedigung. In der einen Ehe mehr, in der anderen weniger. In der Domestic Discipline sind wir Frauen bereit, ihnen dazu zu dienen, auch wenn es manchmal einseitig ist. Aber dafür gibt es auch Abende oder Nächte, wo wir durch unsere HOH's auf Wolken schweben. Auch dafür sollten wir dankbar sein und ihnen unsere Dankbarkeit zeigen. Dies ist kein Thema, dass wir unterdrücken müssen. Sex ist ein fester Bestandteil in unserem DD Lebensstil und ein Spanking kann, wenn es sich nicht um ein reines Bestrafungs Spanking handelt, hocherotisch sein. Nicht umsonst sind wir beim Spanking und bei der Corner Time nackt, nicht, weil die Hiebe schmerzhafter sind, sondern weil wir möchten, dass uns unsere HOH's attraktiv finden und Verlangen nach uns haben. Mit einer freiwilligen Hingabe zu einem versöhnenden Liebesakt nach einem Spanking kann die Frau ihren Dank ausdrücken und dies lässt die brennenden Striemen auf dem Po schnell vergessen.

Nora, 40, Providence R.I.

Hallo alle! Warum wir uns für die Domestic Discipline in unserer Ehe ausgesprochen haben. Ich schreibe diesen Brief, um die wundervollen Erfahrungen mit meinem Mann und mir auf dieser Reise der Neugestaltung unserer Ehe zu teilen. Bevor ich mehr darüber beschreibe, was wir tun, möchte ich eine Einführung geben, wie wir dahin gekommen sind, wo wir sind. Mein Mann und ich sind seit 14 Jahren zusammen und wie wir alle wissen, ist die Ehe, obwohl sie sehr lohnend ist, auch eine unglaublich herausfordernde Aufgabe. Der Umgang mit dem Alltäglichen, das gemeinsame Erleben von Tod und Verlust und sogar die Auseinandersetzung mit der Idee der Trennung ließen uns erkennen, dass wir eine Veränderung brauchen. So schwierig es auch war, wir waren beide mit unserer Ehe unzufrieden. Trotzdem fühlten wir uns beide unserer Ehe verpflichtet und ließen sie zu unseren Gunsten funktionieren.

Wir haben eine Vielzahl von Dingen ausprobiert, wie ich mir sicher bin, dass die meisten Paare dies tun ... Selbsthilfebücher für die Ehe, Übungen zur Selbstverbesserung, mehr Fokus auf unser Sexualleben, mehr «uns» Zeit geben... aber diese tief sitzenden Probleme zwischen uns waren nicht gelöst. Um die Hauptprobleme in unserer Ehe aus unseren beiden jeweiligen Positionen zusammenzufassen: Aus der Sicht meines Mannes war seine

Frau immer über seinen Fall besorgt, nörgelte ihn über alles, redete mit ihm und ließ ihn fühlen dass ich mich nicht für seine Meinung interessierte. Aus meiner Sicht hatte ich das Gefühl, dass mein Mann nie im täglichen Ablauf unseres Lebens geholfen hat und dass es ihm egal war, dass er mich nie zu etwas Besonderem gemacht hat und dass er mich für selbstverständlich hielt. Wir waren uns auch einig, dass wir mit unserem Sexualleben und unserer normalen nächtlichen Routine unzufrieden waren. Dazu gehörte, dass wir uns vor den Fernseher setzten und ein paar zu viele Erotikgetränke zu uns nahmen. Wir brauchten eine Veränderung.

Um all das vorwegzunehmen, haben wir während unserer Ehe mit Spanking experimentiert, und mein Mann hat mich als Sex-Vorspiel etwas verprügelt. Wir hatten immer ein paar leichte Paddel (die lustigen Lederpaddel, die Sie vielleicht im Urlaub in diesem Erotik-Sexshop kaufen), mit denen wir gespielt haben, aber es war immer nur zum Spaß. Wir hatten noch nie darüber nachgedacht, Spanking als Disziplin einzusetzen oder mit der Idee, dass einer von uns (ich) Disziplin benötigt. Obwohl ich es vielleicht nicht vollständig erkannt habe, hatte ich mich immer nach dieser Art von Disziplin von meinem Ehemann gesehnt. Ich wollte zur Rechenschaft gezogen werden. Ich wollte, dass er mich in die Hand nimmt, wenn ich etwas «versaut» habe.

Ich wollte nicht immer der Verantwortliche sein. Eines Tages fand ich eine erste Website für die Domestic Discipline und von diesem Moment an wusste ich, dass ich wirklich mit meinem Ehemann einen solchen Lebensstil ausprobieren wollte.

Als er an diesem Abend von der Arbeit nach Hause kam, zeigte ich ihm, was ich gefunden hatte. Wir sprachen darüber, sahen uns Websites und Bilder an und sprachen noch mehr darüber. Wenn wir uns zu diesem Lebensstil bekennen würden, gäbe es kein Niederreden mehr, keine Respektlosigkeit oder Nörgelei mehr und im Grunde keine kleinen Auseinandersetzungen mehr. Was ich von ihm erwarten konnte, wie wir besprachen, war ein Ehemann, der mir und meinem Verhalten wirklich Aufmerksamkeit schenkte und der mehr in das eingebunden war, was ich täglich in unserem Haushalt tue (neben meinem Job). Wir waren uns beide einig, dass er mich grundsätzlich verprügeln würde, wenn er es für notwendig hielt, um mein Verhalten zu korrigieren.

Nach vielen Diskussionen haben wir uns verpflichtet, diesen Lebensstil auszuprobieren. Die Kommunikationswege würden offen bleiben und wir würden die Regeln gemeinsam festlegen. Und wir haben es getan. Und wir begannen die Vorteile einer vollständigen Neufassung der

„Regeln" für unsere Beziehung zu erleben. Im Laufe der Tage wurde uns beiden klar, wie viel Arbeit es war, diese Art von Änderungen vorzunehmen. Insbesondere wurde mir klar, wie viel ich mit ihm rede und wie schwer es war, dies zu ändern, und er erkannte, wie sehr es ihn immer verärgert und veranlasst hatte, dass er sich emotional zurückzog und mich grundsätzlich ignorierte. Aber jetzt achtete er voll und ganz auf mein Verhalten und gibt mir eine Spanking jedes Mal, wenn ich ausrutschte, und ich wurde mir völlig bewusst, was mein Mund (mein verbaler Missbrauch gegen ihn) mit unserer Ehe tat.

In den ersten Tagen erhielt ich jeden Abend ein fest Spanking. Zum Beispiel standen wir eines Abends in der Küche, um zu Abend zu essen, und ich sagte etwas extrem Zickiges über seinen Job. Bevor ich es wusste, war ich gebeugt, meine Hosen und Höschen um meine Knie und erhielt eine Bestrafung von meinem Mann. Obwohl es eine kurzes Spanking war, war es schmerzhaft und demütigend. Danach fragte er mich, ob ich wüsste, warum er mich gezüchtigt hatte und wir hatten ein tolles Gespräch. Nach der Strafe und dem Vortrag war das Problem vollständig gelöst. Bevor wir uns diesem neuen Lebensstil verschrieben haben, hätte ein lässiger, zickiger Kommentar den Rest unseres Abends ruiniert.

Wir haben uns seit fünf Monaten diesem neuen Lebensstil verschrieben. Ich kann ehrlich sagen, dass ich in unserer Ehe noch nie so glücklich gewesen bin und mein Mann Ihnen dasselbe sagen wird. Wir sind beide nicht nur in unseren Rollen in unserer Ehe glücklicher, unser Sexualleben hat sich auch um 100% verbessert. Wir freuen uns darauf, Zeit miteinander zu verbringen und wir beide bewundern die Veränderungen, die wir ineinander sehen. Ich fühle mich, als würde ich endlich zu der Person zurückkehren, die ich einmal war, bevor Ehe, Karriere und Leben übernommen wurden. Mein Mann ist überglücklich, dass er eine glückliche und liebevolle Frau hat, zu der er nach Hause kommen kann.

Was genau sind unsere neuen Rollen? Mein Mann ist jetzt das Oberhaupt unseres Haushalts. Vor unserem neuen Engagement hatten wir immer (unbewusst) um diese Macht gekämpft, und um ehrlich zu sein, habe ich normalerweise gewonnen (indem ich mit ihm geredet und versucht habe zu beweisen, dass ich mehr zu unserer Ehe beigetragen habe als er). Obwohl wir uns beide einig sind, dass wir in Bezug auf Intelligenz, Fähigkeiten usw. gleich sind, scheint es viel besser zu sein, einen klar festgelegten Führer in unserer Ehe zu haben, der jetzt er ist. Meine Rolle in unserer Ehe ist es nicht, der Anführer zu sein, sondern meinem Ehemann zu folgen, ihn zu unterstützen und ihn aufzubauen. Dies bedeutet nicht, dass wir nicht über Dinge diskutieren, die uns beide betreffen, und wir treffen immer noch viele Entscheidungen zusammen. Aber letztendlich hat er das letzte Wort.

Dies ist nicht so einfach, wie es sich anhört, da ich mich sehr daran gewöhnt hatte, immer meinen Weg zu finden, selbst wenn ich tief im Inneren wusste, dass ich mich geirrt hatte. Aus irgendeinem Grund war es mir damals wichtiger, mich durchzusetzen, als die besten Entscheidungen für uns beide zu treffen. Ich blicke zurück, wie ich mit meinem Mann gesprochen habe, wie ich ihn herabgesetzt habe, und schäme mich sehr für mich. Wie bin ich zu dieser Person geworden? Was jetzt jedoch am wichtigsten ist, ist, dass ich diese Eigenschaften mit Hilfe meines Mannes in mir selbst verändere. Ich lerne eine neue Art von Selbstdisziplin… die Art, die entsteht, wenn ich meinem Partner gefallen möchte. Und natürlich werde ich von meinem Mann diszipliniert, wenn mein Verhalten es rechtfertigt. Ich erhalte auch regelmäßig ein scharfes Spanking um auf dem Boden unserer neuen Ordnung zu verbleiben. Eine Sache, die mein Mann in den letzten fünf Monaten viele Male wiederholt hat und mir einige Tränen gekostet hat, bis ich erkannte, dass er innerhalb unserer Ehe ein fairer Anführer sein wird. Ich bewundere ihn so sehr. Er hat diese neue Macht in unserer Ehe nicht überbewertet, und wenn überhaupt, fühle ich ihn manchmal zu fair mit mir. Zuvor habe ich erkannt, dass ich kein fairer Anführer war. Ich beschuldigte ihn für alles, was zu Unrecht schief gelaufen ist. Ich habe ihn ständig herabgesetzt, weil ich konnte. Ich war der schlechteste Anführer. Er ist ein von Natur aus freundlicher, aber fester Anführer. Er baut mich auf und beglückwünscht mich ständig zu den Verbesserungen, die er in meiner Einstellung und meinem neuen Engagement für unsere Ehe sieht. Ich drücke ihm wiederum meinen Dank für den Mann aus, zu dem er wird, und den Anführer, den er in unserer Ehe ist.

Ich habe diesen Brief geschrieben, weil ich in der Lage sein wollte, meine Freude über die schönen Veränderungen in meiner Ehe auszudrücken und in der Hoffnung, dass unsere Erfahrungen anderen helfen, mit denen diese Art von Lebensstil von Vorteil sein könnte. Unsere Gesellschaft duldet diese Art der Ehe in der heutigen Zeit nicht gerade, zumindest nicht in den Kreisen, in denen mein Mann und ich reisen. Um es klar zu sagen, ich denke auch nicht unbedingt, dass dieser Lebensstil, bei dem die Frau zur Korrektur ihres Verhaltens geschlagen wird, jedem passen würde. Es ist kein Gewaltakt in unserer Ehe, er kann mich schlagen, um mich zu bestrafen, zu verbessern oder ganz einfach, um seine Führerschaft auszudrücken. Ich habe es akzeptiert und fühle mich befreit. Seit dem ich diese Art der Schläge auf meinen Hintern erhalte, bin ich total anders geworden und blicke zu ihm auf. Ein Mann, der es trotz der moralistischen Meinung schafft, seine Frau für den guten Zweck körperlich zu züchtigen, hat Mut und besitzt Stärke. Auch ist das Spanking mehr, als nur ein paar Schläge zu erhalten, die weh tun. Es ist das Ritual des Spankings, wenn ich nackt zu ihm kommen muss und er mich über seine Knie legt, ich dabei spüre, wie er Gewalt über mich erreicht und mich förmlich besitzt. Ich will, dass er mir mit harten Hieben zeigt, dass er mich besitzt und ich mich dabei für ihn vollkommen auflöse und hemmungslos weinen kann. Außerdem ist keiner von uns der Meinung, dass Männer fähiger oder intelligenter sind als Frauen. Für ihn und mich ist es jedoch wichtig, dass er der eindeutig festgelegte Anführer unserer Ehe ist – und daher hat er das Recht, mir ein scharfes Spanking zu geben. Dies drückt er bei einem Spanking oder einem Maintenance aus und so brauche ich es auch. Wir fühlen beide, dass wir bessere Menschen werden, und wir können beide fühlen, dass unsere Ehe liebevoller und stärker ist.

Danke fürs Lesen!

~ freche nora

Howard, Long Island

Joy muss vor mir auf den Knien sein. Auf Wunsch muss sie ganz nackt sein. Sie darf nur ihren Mund benutzen, um mich zu bedienen. Andere Körperteile dürfen nicht verwendet werden. Die Hände müssen die ganze Zeit hinter ihrem Rücken gehalten werden. Sie können hinter ihr gefesselt werden, wenn ich es wähle, aber ich kann auch einfach verlangen, dass sie sie hinter ihren Rücken hält. Es ist ganz wunderbar, eine hübsche Frau zu haben, die nackt und mit leicht rosa Gesicht vor dir auf die Knie geht. Nach dem Ausziehen ist ein Spanking nötig, bevor der Blowjob ernsthaft beginnt. Wenn ich mich entscheide in ihren Mund zu kommen, muss sie schlucken. Daran haben wir viele, viele Male gearbeitet, und Joy ist durch das Spanking dabei ziemlich erfahren geworden. Trotz der Wiederholung hat dieser Akt immer noch etwas Magisches an sich. Wenn ich von der Arbeit nach Hause komme und Joy in der Küche erwische und ihr sage: «Joy, ich hätte gerne einen richtigen Blowjob», ist es mehr als ein Hauch von Demütigung, sich schnell auszuziehen.Wenn ich fertig bin, halte ich Joy fest und sage ihr, wie gut sie mich gefühlt hat und wie froh ich bin, sie als meine Frau zu haben.

Lindsay, 25, Newport

Wir sind seit mehr als einem Jahr ein Paar und beide unter dreißig. Ab und zu, nicht sehr oft, verlangt er von mir, wenn er mit meinem Liebesspiel unzufrieden ist, dass ich mich auf den Rücken lege und die Beine gerade hoch strecke. So erhalte ich einige Hiebe auf meinen Hintern. Dann verlangt er, dass ich meine Beine öffne und weit spreize. Mit der Lederklatsche der Springgerte streichelt er lange über meine Pussy – und setzt dann blitzschnell einen Hieb auf meine Pussy. Ich schrei, schließe sofort meine Beine und falle zur Seite.

Fast übertrieben ruhig spricht er dann zu mir und verlangt, meine Beine zu öffnen und ihm meine Pussy anzubieten. Er ist dabei unheimlich geduldig. Immer wieder fordert er mich auf und appelliert an den Gehorsam, den ich zeigen muss. Es dauert lange, bis ich meine Beine wieder öffne und wieder streichelt er meine Pussy und setzt dann einen schmerzhaften Hieb.

Dann spricht er wieder so geduldig zu mir. Es ist sein Spiel. Es ist mehr virtuelles Peitschen. Nicht wirklich, aber es wirkt unheimlich und ich muss weinen. Wenn ich dann meine Beine wieder öffne, bekomme ich den nächsten Hieb. So geht das manchmal bis zu einer Stunde. Die Hiebe tun weh und es dauert jedes mal länger, bis ich bereit bin. Mehr als das Peitschen, ist es ihm wichtiger, meinen Gehorsam zu verlangen und zu sehen. Das macht ihn Lust und man sieht es auch, wenn er mit aufrecht stehenden Glied vor dem Bett steht, mir zuredet und darauf wartet, dass ich meine Beine wieder öffne. Er beherrscht es. Es ist gemeines psychologisches Spanking, habe ich ihm gesagt und er hat gegrinst.

Alicia, 55, New Delhi

Mein Mann und ich sind seit Jahren in Domestic Discipline involviert. Er ist in Regierungsdiensten und ich bin promovierte Historikerin.

Als wir nach Indien gingen, fand ich tatsächlich sehr alte Texte aus dem Kamasutra, die sich auf das bezogen, was wir heute Spanking nennen. Schläge auf den Po oder den Schenkeln der Frau, sind ein Weg ihre Kundalini freizugeben oder zu erwecken - das ist sexuelle Energie oder das Chi. Wenn Sie verprügelt oder geschlagen wird, wird das Chi aus dem Wurzel-Chakra in die Wirbelsäule befördert. Tatsächlich geht rauer Sex auf das zurück, was die Menschen als älteste Autorität im Bereich Sex bezeichnen - das Kamasutra, das um 200 n. Chr. geschrieben wurde. Das Kamasutra hat eigentlich ganze Kapitel über harten Sex.

Das Kapitel «Schläge und Seufzer» des Kamasutra beschreibt vier Arten der Schlagtechnik: «Prasritaka, mit der Seite der Hand, Samatalaka, mit der Handfläche der offenen Hand, Mushti, mit der Faust und Apahastaka, mit den Enden der Finger verbunden.»

Es sei normalerweise am besten, mit der offenen Hand zu schlagen, um eine Frau auf ihre Lust zu konzentrieren und der beste Weg, um sie zu versohlen! Wenn man einer Frau den Hintern vor und während des Liebesaktes schlägt, verprügelt man tatsächlich das, was man untere Chakren nennt - wo sich die sexuelle Energie befindet. Es entzündet sie in Flammen und lässt die Empfindung durch ihre gesamte Wirbelsäule wandern, was sich wie ein Blitz anfühlt. Dies sei eine Möglichkeit, um Ganzkörperorgasmen zu erreichen.

Die Förderung der Lust durch Schläge spielt in den tantrischen Praktiken im Kamasutra eine gewichtige Rolle, sie verschafft die Energie, durch die das normale Bewusstsein aufgehoben wird und der nonduale Zustand, das Samarasa, erreicht wird. Sie lehren das sexuelle Asana als Methode zur Erweckung der Kundalini-Kraft: „Man muss durch das aufsteigen, wodurch man fällt“. Das heißt, die Schläge dürfen schmerzhaft sein, so werde die Lust aufsteigen zu einem Pfad, der zur Befreiung führt.

Das Kamasutra hat auch ein Kapitel mit dem Titel «The Art of Scratching», in dem die verschiedenen Arten von Markierungen, die Liebhaber mit ihren Nägeln machen, sowie das Kratzen, wann und warum beschrieben werden.

In einer Zeile steht: «Die Nägel werden zum Kratzen und Schaben verwendet, um die Erregung zu erhöhen. Kratzen und Beißen haben den gleichen Effekt, dass sie die Erregung erhöhen und Dominanz zeigen.»

Das Kamasutra beschreibt acht Arten von Nagelspuren, einschließlich der „Pfauenklaue", die als solche beschrieben wird: «Wenn die Brustwarze von allen fünf Nägeln erfasst und nach außen gezogen wird, werden die Nagelspuren um die Brüste als Pfauenklaue bezeichnet.»

Wir spielen oft auch Tantra, dann verwendet er seine Nägel sanfter - mit federleichter Berührung.

Courtney, 33, L.A

Liebe Vanessa,

Ich gebe zu, dass ich etwas nervös und verlegen bin, überhaupt darüber zu sprechen. Ich habe Ihre Broschüren und Bücher jedoch immer gemocht, und einige Ihrer Äußerungen haben es mir persönlich leichter gemacht, mit meinem Mann über diese Dinge zu sprechen. Er ist älter als ich und hatte Erfahrung mit der Domestic Discipline. Aus ihren Büchern hatte ich viel gelernt, obwohl ich schüchtern bin, darüber zu sprechen. Mein

Hubby war jedoch vor unserer Hochzeit völlig natürlich.

Ich war nervös, als ich es zum ersten Mal erwähnte und wir sind ein paar Mal ausgegangen, wie jedes „normale" junge Paar, das sich kennenlernt. Mittagessen; Filme, Abendessen, lange Spaziergänge, solche Dinge. Wir haben uns romantisch verlobt, und die Energie zwischen uns war so leidenschaftlich, dass ich nicht einmal weiß, wie ich Ihnen von der Verbindung erzählen soll. Eines Tages begannen wir über Fantasien und erotische Erlebnisse zu sprechen und stellten uns gegenseitig sanft Fragen. Ich sagte ihm, dass ich gerne fantasiere ein Spanking zu bekommen, aber dass es in Ordnung sei, wenn es ihm unangenehm sei, es zu erkunden.

Er war glücklich darüber, dass ich es ihm offenbarte. Er gestand mir, er habe eine frühere Freundin ein paar Mal gepeitscht habe, weil sie sehr frech war.

Zuerst war er nervös, aber dann hat er sich wirklich darauf eingelassen. Vielleicht lag es daran, dass nach dem ersten Mal, als er es tat, wir den heißesten Sex hatten, den ich jemals in meinem Leben hatte und wir kurz darauf heirateten. Ich weiß nicht, ob das zu viel ist, um es mitzuteilen, aber es war definitiv eine Möglichkeit, ihm zu bestätigen, dass es mir wirklich gut gefallen hatte, als er mir ein echtes Spanking gegeben hat, obwohl ich ein wenig gewimmert habe. Es tut mir wirklich weh, wenn er mir ein dauerhaftes Spanking gibt. Er hatte kein Problem damit, mich wirklich hart zu schlagen, bis ich in dem Geisteszustand war, in dem ich mich wie ein sehr ungezogenes Mädchen fühlen konnte, das eine gerechte Bestrafung bekommt und sehr empfänglich dafür ist, der dominanten Person zu zeigen, dass ich wirklich sein gutes Mädchen sein will!

Lassen Sie mich wissen, wenn Sie erfahren möchten, wie sich das alles entwickelt hat, und wenn ich rot werde, macht es Spaß, es jemandem zu sagen, der es versteht.

Luv, Courtney

Kate, 36, N.Y.

Spanking in unserem Lebensstil ist immer ein Stop-and-Go-Konzept. Es kann sein, dass ich ein paar Mal in der Woche ein deutliches Spanking bekomme und dann für ein paar Wochen oder länger nicht mehr.

Ich hatte mich nicht mit der Idee angefreundet, einmal in der Woche einen festen Spankingtag zu veranstalten, unabhängig von meinem Verhalten, sondern eher für eine Reihe von Korrekturen vor Ort mit einer kurzen Anzahl von Hieben. Diese treten normalerweise in der Küche auf, wenn ich mehr gestresst bin, eine Mahlzeit zuzubereiten, und ich bin bei meiner Ungeschicklichkeit am besten. Es kann sein, dass ich nicht sofort komme, wenn ich gerufen werde, andere Male, weil ich im Weg bin, andere Male, wenn ich es mal wieder besser wissen wollte, als ...

Spanking hilft mir jedoch, meinen Stress abzubauen, und deshalb bitte ich manchmal darum und er hilft immer gerne aus. Manchmal ist das Spanking jedoch kurz und löst das Problem nicht.

So habe ich ihm kürzlich, als er für mehrere Tage geschäftlich fort musste, einen Brief mitgegeben:

‚Hi Liebster:

Wir müssen ein wenig an uns arbeiten, und die Probleme fliegen uns sozusagen aus dem Griff, anstatt sie zu lösen. Ich glaube, du musst mir ein regelmäßiges echtes Spanking geben, beginnend wenn du wieder da bist.

Der Streit wegen eines verloren gegangenen Schuhs war vollkommen überflüssig und du hättest mich sofort verhauen müssen. Mein Fehlverhalten letzte Nacht sollte behoben werden! Verzeih mir bitte. Mit einem echten Spanking sollte sich mein aufbrausendes Verhalten ändern lassen. Ich muss es spüren, dass du das nicht magst, zeig es mir so, dass ich zwei Tage lang nicht sitzen kann. Es sollte etliche Minuten dauern, in denen du kleine Pause einlegen und mir mein Verhalten vorhalten kannst - und, Sir, Sie sollten viele schnelle und spürbare Hiebe anwenden um mich zu korrigieren.

Es muss nicht gefolgt werden, um Liebe zu machen. Sir, sie können entscheiden, dass ich ihnen nur oral dienen und gefallen werde, und wir können uns an einem anderen Tag lieben.

Wirklich, das gelegentliche Spanking hat mir geholfen, mich liebevoller zu machen, aber ich wünsche mir, dass Sie mich hart ran nehmen, wenn Sie mit mir unzufrieden sind, bis ich hemmungslos weinen muss. Ich würde mir wünschen, dass Sie es mir regelmäßig zeigen und mich spüren lassen. Als mein Sir werde ich Ihnen sehr dankbar sein, wenn Sie mich auf den rechten Weg bringen, wie ich Sie erfreuen kann. Ich werde so dankbar sein, Ihnen dienen zu dürfen.'

Er hat noch am gleichen Abend aus dem Konferenz-Hotel angerufen und sich bei seinem liebsten Mädchen, dass so brav geworden ist, bedankt und hat mir versprochen, dass, wenn er am Freitagabend zurück ist, meine Bitte erfüllen werde. Gestern hat er mir eine Email geschickt. Er habe eine wunderbare, originale Texas Tawse in einen Riding-Shop gekauft, handgearbeitet aus schwerem geöltem rotbraunen Sattelleder, 16 Inches lang und 2 Inches breit. Ich solle mich als braves Mädchen vorbereiten, die Eindrücke würden mir helfen und es sei doch unser gemeinsames Ziel, dass seine Hilfe meine Entwicklung fördert.

Dani, 24, NY.

Domestic Discipline kann romantisch sein. Meine ganze Sexualität basierte auf Dinge, die nicht normal sind, wie mir früher immer gesagt wurde. Zum Beispiel liebe ich es, als Objekt behandelt, gefesselt und dann benutzt zu werden. Wenn mein Partner auf diese Dinge eingeht und sie mit mir erkundet, dann ist das in meinen Augen romantisch. Wenn mein Partner sich nur für sich selbst und seine Fantasien interessiert, dann wäre dies das Gegenteil.

Unsere DD-Beziehung erreicht diese Ebene, wenn sie über die üblichen Spiele hinausgeht. Zum Beispiel, wenn man bestimmte Sexpraktiken nur mit der Person macht, zu dem man totales Vertrauen hat und sich ihm unterwerfen kann. Unterwerfung finde ich auch sehr romantisch. Wenn ich gefesselt bin und ein Spanking erhalte, schaue ich zu meinem Dom voller Bewunderung auf.

Er zeigt mir seine Zuneigung und Liebe, mit Küssen, Kuscheln und liebevoller und gründlicher Nachsorge nach einem Spanking. Wenn er einen Schwerpunkt auf meine Lust und meine Bedürfnisse legt, indem er mir Komplimente macht, bevor er mich peitscht oder mich benutzt. Es ist Romantik pur, wenn er kocht, ein Dinner mit Kerzen arrangiert, um mir zu sagen, dass ich ein besonderes Spanking erhalten werde. Er von mir verlangt, dass ich nur mit der knappen

Korsage und Strümpfen wieder im Wohnzimmer erscheinen soll und vor ihm knien soll. Mein Dom hat mich einen breiten Lederriemen aussuchen lassen, auf dem mein Name eingebrannt wurde. Ich finde das unheimlich romantisch, wenn ich mir vorstelle, dass er mich meinen Namen auf meinen Hintern spüren lässt. Oder mich den Geruch des Leders riechen lässt, kurz nachdem der bittersüße Schmerz zubiss. Solche Zugneigungsbekundungen turnen mich vor allem vor und während eines besonders intensiven Spankings an. Wenn er mir die Tränen wegwischt, die er verursacht hat und mich dabei küsst. Oder wenn er mir intensiv in die Augen schaut, bevor er mir Schmerzen zufügt. Vor allem bei der Nachsorge zeigt er mir geduldig seine Liebe, wenn ich nackt und weinend, mit wundem Hintern auf seinem Schoß sitze. Wenn ich mich dann an ihn klammere und er mit mir lange und intensiv spricht, dann kann das sehr romantisch, liebevoll und intim sein und braucht gar nicht zu enden.

Amerikanische Literatur zur Domestic Discipline

What Do Women Want?: Adventures in the Science of Female Desire Hardcover by Daniel Bergner (Author)

In What Do Women Want? Adventures in the Science of Female Desire, critically acclaimed journalist Daniel Bergne disseminates the latest scientific research and paints an unprecedented portrait of female lust: the triggers, the fantasies, the mind-body connection (and disconnection), the reasons behind the loss of libido, and, most revelatory, that this loss is not inevitable.

Bergner asks: Are women actually the less monogamous gender? Do women really crave intimacy and emotional connection? Are women more disposed to sex with strangers and multiple pairings than either science or society have ever let on? And is "the fairer sex" actually more sexually aggressive and anarchic than men?

While debunking the myths popularized by evolutionary psychology, Bergner also looks at the future of female sexuality. Pharmaceutical companies are pouring billions of dollars to develop a "Viagra" for women.

But will it ever be released? Or are we not yet ready for a world in which women can become aroused at the simple popping of a pill?

Insightful and illuminating, What Do Women Want? is a deeper exploration of Daniel Bergner's provocative New York Times Magazine cover story; it will spark dynamic debates and discussions for years to come.

The Guide to Domestic Discipline: How To Begin And Have A Successful Domestic Discipline Relationship

Paperback by Clint Carlton (Author)

Do you know what Domestic Discipline is? Do you wonder whether the roles in your relationship or marriage make you happy? Do you have a feeling as if something were missing? The Guide to Domestic Discipline: How to begin and have a successful Domestic Discipline relationship is the book made for those interested in learning more about, as well as those just beginning, the domestic discipline lifestyle.

Numerous domestic discipline concepts, dynamics, and punishments within the lifestyle are defined, detailed, outlined, broken down, and elaborated on in simple terms. Detailed explanations and relatable examples are given throughout the book to help explain and clarify why the domestic discipline dynamic has become an increasingly popular relationship arrangement adopted by so many couples. After reading this book, you'll understand what the domestic discipline lifestyle is, how the dynamics of it work, and how it is designed to enhance virtually any committed couple's relationship. You'll understand what living the lifestyle is all about, what it requires of both partners in the relationship, and why so many are choosing to live this way. All your questions about domestic discipline will be answered, and you'll even get some helpful tips along the way! This book is divided in the following parts:

1. Part 1: An Overview Of Domestic Discipline (94 pages)
2. Part 2: Spanking (62 pages)
3. Part 3: Living The Livestyle (43 pages)

... which cover all questions you should have regarding Domestic Discipline. More detailed, you'll find in part 1 answers and infos for:

1. Defining Domestic Discipline What is domestic discipline?
2. Domestic Discipline Dynamics - what kind of flavours are there?
3. The Positives and Negatives to Domestic

Discipline – is it worth it?

4. How to get started with Domestic Discipline?

5. What kind of punishments are there?

6. How to administer punishments?

In part 2, you will find answers and infos for:

1. Lecturing in Domestic Discipline
2. The spanking essentials
3. A real story of a first spanking
4. What kind of spankings are there?
5. How to comfort after a punishment

And finally, part 3 provides you answers for questions which you will inevitably encounter when you live the lifestyle.

1. Emotions in Domestic Discipline
2. Consistently living Domestic Discipline
3. Reinforcement and rewards
4. Answers to 15 frequently asked questions - and yes, we answer: If domestic discipline is so great, why are people so private about practicing it?
5. And finally the conclusion

Taken In Hand: A Guide to Domestic Discipline, Power Exchange Relationships and Related BDSM Topics Paperback by Jolynn Raymond (Author),

Taken in Hand has been nominated for best non-fiction BDSM book of the year. The

Golden Flogger Awards will take place in NYC on Thursday, August 20th starting at 6pm. See my events posted on my Amazon Author Page for more details.

Jolynn Raymond has written a book that shares the details of her own long-lasting domestic discipline marriage and her experience surrounding power exchange relationships. It explains why these unconventional relationships work so well for so many couples. The book is an in-depth tutorial that takes the relationship past the simple act of discipline, to building a rock solid foundation that will ultimately create a deep bond of trust and love between those involved. Taken In Hand will guide those interested in adding consensual domestic discipline, dominance and submission, and structure to their own relationship through the initial steps of communication, understanding and discovering both partner's needs, creating mutual and realistic expectations, rules, and consequences, to the inevitable first spanking.

Taken In Hand will prove useful to those just starting out, as well as to those with some experience, as Ms. Raymond outlines the pitfalls, difficulties, and successes she has encountered in her own marriage. She also emphasizes the importance of consent, and pays special attention to the fine line between discipline and abuse. The last part of the book examines the styles and types of spanking, gives an anal sex tutorial, talks about the responsibilities or being a dominant and gives tips for the submissive partner. Whether you need insight into BDSM as it relates to relationships or are trying to build a domestic discipline marriage from scratch, Taken In Hand will prove to be a comprehensive and practical guide.

The How-To Guide To Spanking And Domestic Discipline: Everything What You Need To Know To Have A Successful Domestic Discipline Relationship Kindle Edition by Constance Summers (Author)

The definitive how-to guide to spanking is the most useful introduction to domestic discipline. Rather than telling you some irrelevant stories, the How-To Guide to Spanking teaches you how to approach your wife and tell her what you want, and how to begin a successful Domestic Discipline relationship. You will live life on your own terms.

My blog has been read by hundred thousands of people. Although I started blogging only a year ago, I was already in Domestic discipline for a long time before that.

By applying the principles in the How-To Guide to Spanking, you will improve your sex life and relationship, have a more satisfied wife, and make your relationship much stronger. No more having unsatisfied evenings. Domestic discipline helps your wife to regain her focus and deep down, most women love it. There are chapters on the lifestyle and introducing it, important definitions, the reflection what Domestic submission is (which serves an argumentation help), a detailed descriptions of the wishes of your wife, living life in the lifestyle, a detailed description of tools, and finally the last chapter on the life in such a relationship. Each chapter contains valuable tips and habits that can be applied to your life.

For example, a guide of how to find out what exactly your wife wants. How you talk to her will be very important when slowly introducing her in the lifestyle. Trust me, she will love it. Even if you don't want to go in domestic discipline, I have added valuable points in the end, such as alternatives to spanking. Domestic discipline is a great, liberating thing, when done correctly. You will live that life.

Find out how to live life on your terms by applying the tips in the How-To Guide for

Spanking to your life today

Domestic Discipline Paperback by Jules Markham

Domestic Discipline is a lifestyle choice for couples who want to rebalance their relationship and live in harmony through the application of caring, loving, discipline. This book show you how to set up, run, and benefit from a disciplinary lifestyle. Topics include: Why do people want a DD lifestyle? The Philosophy and Psychology of DD. Spanking and other forms of discipline. Corrective versus restorative discipline. Orgasm control and sexual focus. Discipline and emotional cycles. Synchronising your cycles. Applying the discipline. Maintenance discipline. Denial and Chastity. Enema discipline. Anal Discipline. DD in the bedroom and DD on the edge.

DD CHOICE: A guide to the right decision (DOMESTIC DISCIPLINE COLLECTION Book 4) (English Edition)Kindle Edition

vonTOM ROSS, (Autor)

The new book from SIR T ROSS about Domestic Discipline. Here you will find the reasons why women must exercise their submission to their HOHs and why HOHs also need to be compromised to their own commitments. They are the ones that make all the decisions, but they still have to submit themselves to common sense, loyalty and focusing on their submissive wives and their needs. Designed for the couple that just could not properly adjust their behavior to live in this wonderful lifestyle.

Consensual Spanking

by Jules Markham (Author)

The book explained most all aspects of sexual, erotic and sensual spanking in a clear and detailed manner. Spanking is a fetish or fantasy that can be extremely ebarrassing to those that are aroused by it. When it's consensual between a man and a woman, it can be a stimulating element of sexual foreplay.It does not promote brutality or pain. The book relaxes the reader and provides guidelines for those that have had a hidden interest in spanking. Consensual spanking is for adults wishing to indulge in a spanking relationship either for pleasure or as lifestyle choice. Topics include: Why people enjoy playing spanking games How to conduct a spanking How to receive a spanking Spanking safely Organising a typical spanking session Positions, postures and presentation. Use of spanking implements Aspects of role-play Basic control techniques. Sensual and erotic forms of spanking Spanking as fore-play Domestic discipline.

Educazione Inglese Band 1

Die englische Erziehung

Amelie und Hendrik Blomberg

Es ist die Geschichte einer jungen diplomierten Modedesignerin, die über das attraktive Inhaberehepaar eines großen Mailänder Modehauses den Traumjob als Designerin für eine neue Dessous-Linie erhält.

Als Frau voller Träume und Wünsche verfällt sie im Umfeld der aufregenden Welt der Mode, der Catwalks, der Fashion Shows und weltbekannter Modemagazine nach und nach dem dominanten Inhaber Roberto, der sie mit seiner Frau behutsam in die Welt der Unterwerfung und Dominanz einführt.

Sie findet die Erfüllung ihres unterschwellig vorhandenen Verlangens und steht in Mailand ihrem Traummann gegenüber. Es ist Liebe auf den «Ersten Blick».

Der Leser und ganz besonders die weibliche Leserschaft wird in eine luxuriöse Welt der Modezentren Paris, Mailand und New York und zu sehr tabulosen SM-Events an besonders exklusiven Orten entführt.

Die einzelnen Charaktere sind lebendig und sehr glaubhaft dargestellt und geben zugleich Einblicke in deren Gedankenwelt.

Ein fesselnder erotischer Roman: Gemeinsam zelebrieren sie die schönsten Höhepunkte aus Lust, Schmerz und Qual ...

ISBN Buch: 978-3-86332-025-6, 17,90 €
ISBN E-PUB: 978-3.86332-160-4, 9,99€

Educazione Inglese Band 2
Die Hochzeitsreise

Amelie und Hendrik Blomberg

Paul entführt seine Braut Ulrike auf die Azoreninsel Faial in das hübsche Hafenstädtchen Horta.

Zu Ulrikes großer Überraschung landet sie mit ihrem frischgetrauten Ehemann in einem im Hafen liegenden weißen Kreuzfahrtschiff in der Hochzeits-Suite. Eine wunderbare Reise auf dem Traumschiff beginnt und führt sie zu der Insel Madeira und durch die Meerenge von Gibraltar nach Genua. Ulrike lernt viele interessante Passagiere kennen und arbeitet zusammen mit ihrem Mann auch an dem Konzept der neuen Flagstores ihrer Modekette. Sie lernt Paul als liebenden Ehemann und feurigen Liebhaber kennen, der sie bei unternehmerischen Entscheidungen unterstützt, genauso, wie sie öfter von ihm übers Knie gelegt wird und ein Spanking erhält.

Die größte Überraschung gelingt Paul, als er seiner Braut nach einem Stop in der Modestadt Mailand, drei traumhafte und erlebnisreiche Tage in der Lagunenstadt Venedig schenkt. Zwischen Gondeln, luxuriösem Hotel, imposanten Palazzos, alten Kirchen und dem Markusplatz, lässt Paul seine Braut mit strenger Hand wissen, welche Erwartungen er an an eine liebende Ehefrau stellt.ISBN Buch:

978-3-86332-047-8, 18,90€
ISBN E-PUB: 978-3-86332-164-2, 9,99€

Ménage à trois

Traum in einem Traum

Hendrik Blomberg und Melanie Müller

Eine sinnliche Dreieck-Liebesgeschichte aus dem hohen Norden nördlich des Polarkreises.

Eine gelungene Mischung aus Träumen, Verlangen, Erotik - in einer fast unwirklich wirkenden Landschaft und zugleich eine Hommage an Edgar Allan Poe.

In Ménage à Trois ist die Sprache so leicht, beschwingt und unbeschwert, wie das Leben der Protagonisten. K. Ende

ISBN Buch: 978-3-86332-049-2, 12,90€
ISBN E-PUB: 978-3-86332-173-4, 4,99€

Die Gadolinium Verschwörung

Ein Hong Kong Thriller

Hendrik Blomberg

Der turbulente Thriller spielt mitten im Milieu des internationalen Investmentbankings in der aufregenden Stadt Hong Kong. Der risikobereite und talentierte Banker Thomas erhält ein lukratives Jobangebot einer kleinen Privatbank in Hong Kong.

Der junge chinesische Broker Patrick hat sich in die Netze der kolumbianischen Drogenmafia und dem Geschäft der Bitcoin-Hysterie verfangen – und will sich aus dem mörderischen Netz befreien.

Dr. Betty Nam, die mächtige Grande Dame einer international operierenden Investment-Bank in Hong Kong, hilft Thomas in der Welt der Jagd nach begehrten *Seltenen Erden* zu überleben.

Die ehrgeizige wie undurchschaubare Studentin Nancy verkörpert eine weibliche Anti-Heldin, die sich und die Leser damit überrascht, wie weit sie für das Gelingen eines Milliardenprojekts ihres Freundes Thomas, aus Liebe zu gehen bereit ist.

Spannend erzählt, genau recherchiert und hochaktuell, eine einzigartige Mischung aus hochbrisanten Fakten, topaktuellen Begebenheiten, intimer Kenntnis der Region und beklemmend realistischer Fiktion.

ISBN Buch: 978-3-86332-048-5 Preis 17,90 €
ISBN E-PUB: 978-3-86332-177-2 Preis: 9,99 €